東京改造計画

NEWS PICKS × GENTOSHA 幻冬舎
NEWSPICKS BOOK

堀江貴文

東京改造計画

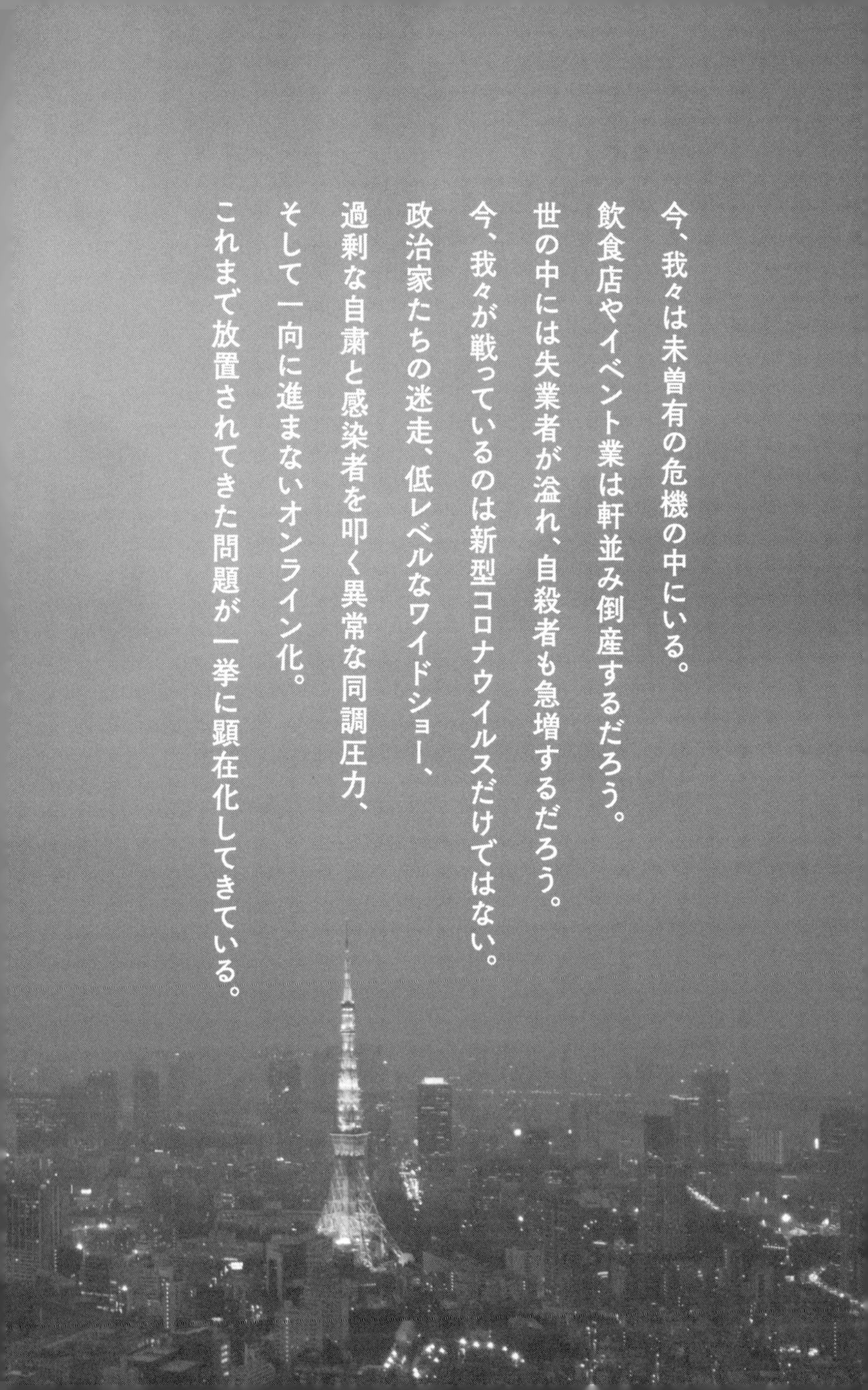

今、我々は未曾有の危機の中にいる。
飲食店やイベント業は軒並み倒産するだろう。
世の中には失業者が溢れ、自殺者も急増するだろう。
今、我々が戦っているのは新型コロナウイルスだけではない。
政治家たちの迷走、低レベルなワイドショー、
過剰な自粛と感染者を叩く異常な同調圧力、
そして一向に進まないオンライン化。
これまで放置されてきた問題が一挙に顕在化してきている。

しかし、日本という国は「外圧」でしか変われない。
日本を、そして東京を一気に変えるチャンスでもある。
僕は本当のことを言う。
僕は行動する。
僕は批判や炎上を恐れない。
いつまでも思考停止していてはダメだ。
現実を正しく見て、できることから始めよう。
今こそ、明るい未来のために、立ち上がろう。

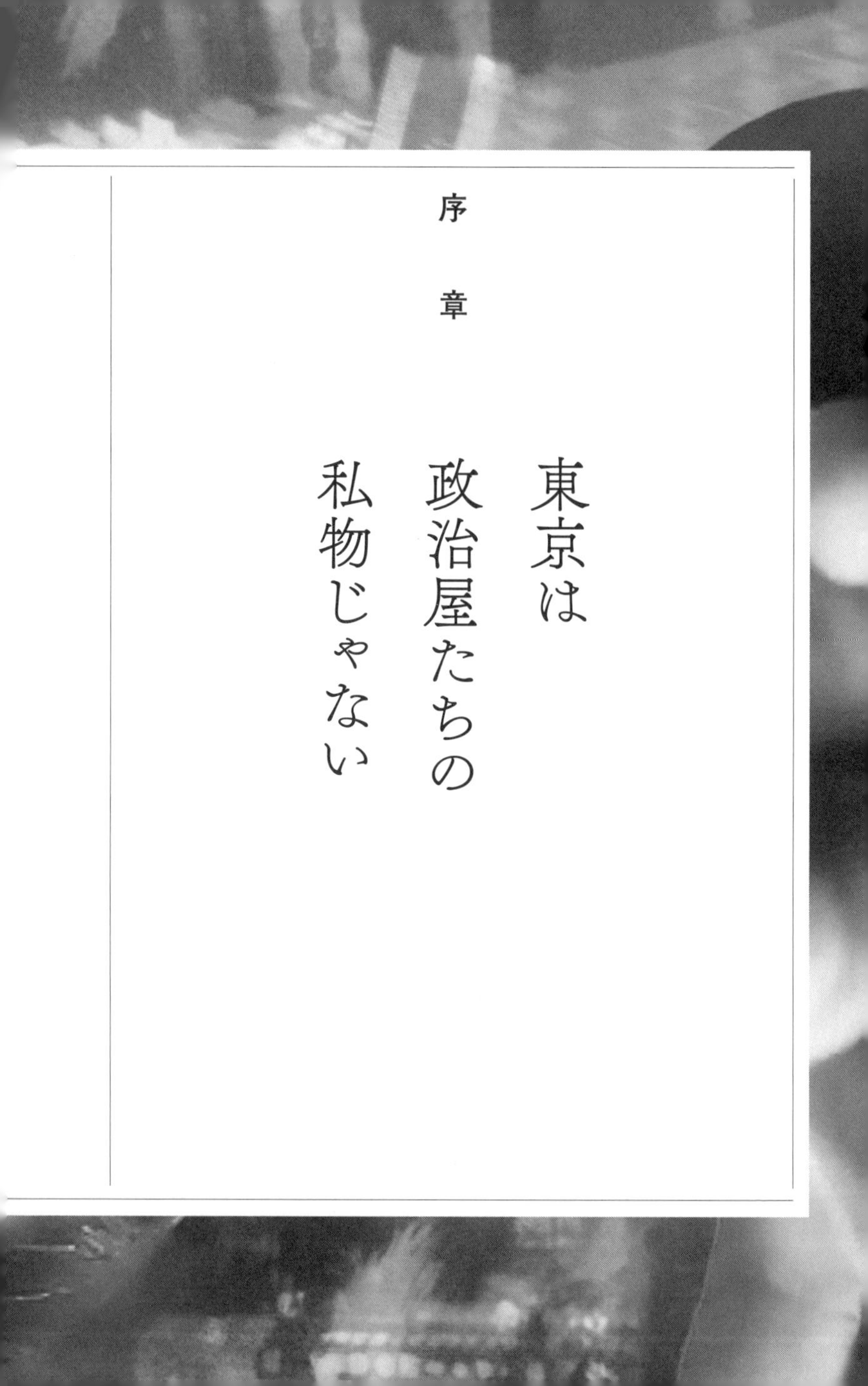

序章

東京は政治屋たちの私物じゃない

東京にはすごいポテンシャルがある。
しかし小池都知事がそれを有効活用
できているとは到底思えない。
政治でメシを食っている
「政治屋」には無理なのだ。
利害損得を捨て、
東京を作り直さなければいけない。
東京は政治屋のものではなく
わたしたちのものなのだ。

「小池百合子都知事の4年間」は何だったのか

2020年7月5日、東京都知事選挙が実施される（6月18日告示）。前回の選挙で掲げたマニフェスト（公約）を実行できていないにもかかわらず、小池百合子氏はどこ吹く風で平気な顔をしている。

選挙に勝ちたいだけの自己保身の「政治屋」が当選したところで、思い切った仕事なんてできるわけがない。

小池百合子都知事が誕生したのは、2016年7月の都知事選だった。小池都政の4年間とは、いったい何だったのだろう。

「東京大改革宣言」と銘打って、彼女は「七つの0《ゼロ》」を公約にした。「待機児童ゼロ」「残業ゼロ」「満員電車ゼロ」「ペット殺処分ゼロ」「介護離職ゼロ」「都道電柱ゼロ」「多摩格差ゼロ」だ。これだけ大風呂敷を広げておきながら、ろくにゼロが実現していないことに呆れ返る。

この他にも「希望の党」としては、「花粉症ゼロ」「フードロスゼロ」なんてものもあった。これまた実現の兆しはまったく見られない。言いっぱなしの公約がどうなったのか検証されない政治家とは、ずいぶんとお気楽な商売だ。

僕のような民間企業の経営者だったらとっくにクビになっているだろう。

人口1400万人を擁する東京都の知事は、国家で言うと大統領に匹敵する絶大な権力を握っている。東京都の予算は年間7兆数千億円にのぼり、小国の国家予算を上回る規模だ。

なのにだ!

僕から見ると、小池百合子氏の仕事のやり方はあまりにもつまらない。彼女に限らず、政治家の多くは「とりあえず選挙に当選する」「選挙に勝ったあとは、次の選挙でも選ばれるための政治活動に勤しむ」という保身ばかりに目が向いているのだろう。政治家であり続けることそのものが自己目的化し、政治家が本来果たすべき使命をまるで果たせていないのだ。

東京はものすごいポテンシャル（潜在能力）とアセット（資産）をもっているのに、無能な都知事と都議会議員によるあまりにも保守的な舵取りのせいで、停滞をきたしている。そこで僕は、この本で東京都への提言、「東京改造計画」を皆さんと共有したい。

東京都知事でなければできない仕事

小池都政は悪い側面だけではなかった。彼女はYahoo! JAPANの社長だった宮坂学さんを副知事に抜擢した。珍しくいい人事だ。宮坂さんの仕事は、東京都庁の中でうまくワークしている。だが肝心の都知事が及び腰になっているせいで、彼女が当初掲げていた数多くのマニフェストはまるで前進しない。

せっかく日本屈指の懐刀を擁しているのに、小池百合子氏は人材の無駄遣いによって国益を損なっているのだ。

愚かなバカ殿がトップに居座っていると、宮坂さんのような人材の能力がフル稼働しない。彼女が４年間都知事を務めていたせいで、都民はとてつもない大損をしているのだ。

六本木から15分の都所有のゴルフ場「若洲ゴルフリンクス」

先ほど僕は、東京には果てしないポテンシャルとアセットがあると申し上げた。この本の第一章で打ち上げる経済政策とは別に、「東京改造計画」のわかりやすい事例をひとつご紹介しよう。

１９９０年12月、東京港の埋め立て地に「若洲ゴルフリンクス」（江東区若洲）がオープンした。

総工費は55億円、広さ54ヘクタール、全18ホールを有する都営のゴルフ場だ。ここにはかつて「夢の島」と呼ばれるゴミ処理場があった。

プロゴルファーの岡本綾子さんと川田太三氏が監修を務め、そのゴミ処理場に官製のゴルフ場を造ったのだ。

オープン当初はメタンガスの発生により臭かったりして評判が悪かったものの、当時植えた松の木が立派に伸びて、本格的な素晴らしいゴルフ場に仕上がっている。なんとこのゴルフ場は、六本木から首都高速道路に乗るとたった15分で到着する。朝9時半にプレイをスタートするとして、都心のホテルを8時45分に出発すれば余裕で間に合うのだ。

こんなゴルフ場は東京都心では他に例がない。

しかも東京都が所有しているゴルフ場なので、料金は超格安だ。キャディ付きだと平日が1万3940円、土日祝日であっても2万2940円で済む。キャディなし（セルフ）だと平日はたった1万860円、土日祝日は1万9850円だ。

都心にメチャクチャ近いうえに激安すぎるため、プレイしたくともここはなかなか予約が取れない。電話申し込みで先着順システムなので、人気アーティストのライブチケット並のとりにくさだ。

みんなに平等に機会均等を保障する「悪平等意識」のせいで、「若洲ゴルフリンクス」という超ド級のアセットをうまく活用できていないのだ。

東京都心に24時間営業のゴルフ場を造りたい

東京都は日本共産党の勢力が強い。

1967年から79年にかけて、美濃部亮吉都知事による革新都政が3期12年も続いたことがあった。美濃部都政を支えた残党が数多く残っているため、東京は今も「悪平等意識」の巣窟だったりする。

「若洲ゴルフリンクス」のような絶好の立地のゴルフ場を、なぜうまく活用できないのだろう。あの立地であれば、会員権が5000万円であろうが1億円であろうが完売するだろう。

こういう話をすると、すぐ「ホリエモンは金持ち優遇だ」と非難される。しかし都営ゴルフ場の会員権を1人につき1億円で売りさばくことは、金持ち優遇でも何でもない。むしろ逆だ。

100人のメンバー限定で会員権を1億円で売り出せば、100億円をすぐさまキャッシュ化できる。その100億円を使って、別の新しいサービスを都民に還元すればいいではないか。

お金をたくさんもっている人から取って、他の都民の生活を豊かにするのだ。

このゴルフ場は一例に過ぎないが、至るところで「悪平等意識」が蔓延している。日本人は「全員平等にしよう」と考えすぎて、結局「全員貧乏」になってしまっているのだ。

「会員権を1億円で売り出す」という案に反対する人もいるだろうから、折衷案を提示しよう。

昼間は従来どおり格安で、都民のために運営する。しかし夜間は会員制のゴルフ場として民間企業に開放しお金持ちを呼び込むのだ。

そして夜の部の運営者にはナイター設備や大浴場も整備させる。

夜の部のプレイ開始は午後5時、そこから朝6時までぶっ通しで営業する。そうすれば、ディナーを食べたあと腹ごなしに深夜までプレイできる。

ゴルフを楽しんだあとは、タクシーに乗ってあっという間に自宅やホテルまで帰れる。

ナイター設備さえあれば、夜10時スタートだろうがみんな普通にラウンドすると思う。

銀座のクラブで酒を飲み、女の子とアフターで夜中の12時からゴルフをやる人だっている。

東京の夏場は酷暑だから、昼間よりもナイターのほうがゴルフ場の需要はある。セルフで回らせるようにすれば、深夜帯にスタッフを大勢雇う必要もない。

「若洲ゴルフリンクス」は、新木場から東京湾側に向かった場所に位置している。だから深夜から明け方にかけて終夜営業をしても、周辺住民に迷惑を及ぼす心配もない。ナイター営業をするべき条件が整いすぎているのだ。

バカげたことに、東京オリンピックのゴルフは東京都内ではなく、埼玉県川越市にある「霞ヶ関カンツリー倶楽部」というゴルフ場で開催される。

ここは日本一暑い熊谷市のすぐ近くにあり、真夏のコース上は体感温度40℃を軽く超える。

交通の便が悪いうえにクソ暑いゴルフ場が、なぜ東京オリンピックの会場に選ばれたのだろう。

ＪＯＣ（日本オリンピック委員会）の元会長竹田恆和《つねかず》氏、ゴルフ解説者の戸張捷《しょう》氏（日本ゴルフ協会常務理事）らの政治力が、ゴルフ界であまりに強すぎたせいだ。

「霞ヶ関カンツリー倶楽部」はゴルフ好きの間でよく知られる名門のため、彼らはここでどうしてもオリンピックを開いて権威づけしたい。だから「オリンピックの会場としてはふさわしくない」云々と難癖をつけて、「若洲ゴルフリンクス」の使用に全力で反対した。

オリンピック開催を機に、東京都所有のパブリックコースである「若洲ゴルフリンクス」にナイター設備を造り、熱暑がやわらぐ夜間に競技をすれば最高だった。ロビイストたちに負け、大きなチャンスを逃したものだ。

政治家が世間の空気に流されてはいけない

「悪平等意識」と「自己都合の政治力」のせいで東京の多くの資産は死んでしまっ

ている。

「若洲ゴルフリンクス」の24時間営業のように、東京都知事が変えていけることは他にもたくさんあるはずだ。

この本を通じて、東京都への提言を37項にわたって訴えていく。

東京都には無限のポテンシャルがある。

今すでにある資源を使って、ハイリスク・ハイリターンどころか、ローリスク・ハイリターンの事業をいくらでも実現できる。

だが、繰り返すが、政治でメシを食っている政治屋には、本当の政治はできない。当たり前だ。選挙で落ちたら生活に困るからだ。だから権力やメディアや都民に都合の良いことばかり言う。

この本を書いている今、世間は新型コロナウイルス騒動で大パニックだ。

小池百合子都知事はオリンピック延期が決まった途端、東京都の感染爆発の脅威を声高に訴え、国に緊急事態宣言を迫った。そして出口の見えない過剰な自粛生活を都民に課している。

東京都のテレビCMにも登場し彼女の顔を見ない日はない。半ば選挙活動のようだ。きっと支持率は上がり続けているだろう。テレビのコメンテーターも小池百合子氏賞賛の嵐だ。

しかし、この光景はかつて見た築地市場の豊洲移転問題を思い出す。

小池百合子氏が豊洲は危険だと言い出し、議会に諮らず独断で豊洲移転を延期。マスコミは一連の騒動を「小池劇場」と称し小池百合子氏を持ち上げた。

しかし結果は多額の税金を垂れ流しただけだった。

あれから3年半、またこの国は同じことを繰り返そうとしている。

センセーショナルなことを言うと、世論は味方し、雑誌は売れ、視聴率は上がる。しかし、こういった有事のときにこそ政治家は正しい情報に基づいて、世間の空気に流されない決断をするべきだ。

端的に言うと、リーダーは自信をもちながら強いメッセージを発することが大事。高リスクな感染スポットを徹底的に叩きながら、他ではできるだけ普段どおりの行動をさせる。新型コロナウイルスとの戦いは長いものになる。ゼロリスクはあり得ない。だからこそ経済へのダメージを考えながら適切な判断をしなければならない。

東京都を「3S」都市に

そして、これを機にテレワークやキャッシュレス化など推進できるところは推進していくべきだ。

新型コロナウイルス騒動は悪いことばかりではない。一向に変わらないこの国が一気に変わるチャンスでもある。

満員電車の解消やテレワークはこの機会に一気に進めたほうがいい。今までの日本の仕組みはあまりにも無駄が多すぎた。そういった慣習を捨てる良いきっかけだ。

新型コロナウイルスはなくならない。

どこかで折り合いをつけて共存するしかない。今までの生き方、働き方を根本から変えていかねばならない。

ウィズコロナの時代のキーワードは「3S」だ。「スピード」「スマート」「スモール」。オンライン化できるところはすべてオンラインにする。無駄な接触や移動をなくす。

無駄な作業、無駄な人員をなくし、組織を小さくする。

「3S」を実現し「スペシャル」な都市にする。

しかし「3S」が実現すると多くのホワイトカラーが仕事を失うだろう。今までは出社するだけで給料をもらえたような「おじさん」がいらなくなる。そういった人たちに新しい生き方を指し示すのも都知事の大きな役割だ。

仕事がなくなることを心配するのはナンセンスだ。

今までのような「無駄な仕事」をする必要はない。

好きなことだけで生きていくことが可能だということを証明しよう。

東京は世界で最先端の生き方、働き方を体現できる場所になるだろう。

この本には東京都に対しての僕の提言を書いた。

これまでの常識に縛られている人にとっては耳の痛いであろう「正論」から、テレビのコメンテーターが怒り出し、SNSが炎上しそうな「極論」「暴論」まで、すべて書いた。

僕は空気を読まない。

媚びない。

権力にもメディアにも都民にもいい顔をしない。大いに批判され嫌われるであろう。でも、それでいい。誰かが強い意志をもって強い提言をしなければ東京は変わらない。

コロナ時代の新しい首都のカタチを皆さんと一緒に考えていきたい。

東京改造計画

目次

◎第二章

84

教育・社会保障

◎第五章
未来の生き方

今こそ、明るい未来のために、立ち上がろう

第一章

経済

なぜ政治家というのは
ビジネスが下手なのだろう。
それは自分の手で
商売をしたことがないからだ。
僕が実業家として
「東京」を経営したら
どうなるかを考えてみた。

1

本当の渋滞ゼロ

タクシーに乗ると、東京都心の道路はいつも渋滞している。多動力を発揮して日本中、世界中をあわただしく飛び回っている僕にとって、渋滞のせいで無駄に時間を使わされる損失は計り知れない。

僕に限らず都民一人ひとりの時間こそが価値だ。悠長に渋滞を容認しているような都市ではいけない。

２０１５年３月、首都高速道路の中央環状線が全線開通した。新宿―羽田空港間の移動が最速でも約40分かかっていたところ、中央環状線全通のおかげで約20分に短縮されると宣伝された。

ところがどういうわけか、この道路は渋滞していることがやたらと多い。ノロノロ運転でなかなか前に進まず、イライラした経験がある人は多いはずだ。飛行機に乗って出張先から帰ってきたあと、高速道路ならぬ低速道路で無駄に時間をロスするのはかなわない。

もちろん都市部の道路が渋滞しているのは、東京に限った話ではない。アメリカでは東海岸のニューヨークも西海岸のＬＡ（ロサンゼルス）も渋滞が常態化しているし、バンコク（タイの首都）やジャカルタ（インドネシアの首都）の大渋滞のひどさは論外だ。

バンコクやジャカルタに比べれば、東京はまだよくやっているほうだとは思う。だが渋滞が引き起こす負の要素を考えるならば、東京に改善の余地があることは間違いない。

どうすれば首都高の渋滞を解消できるのだろう。答えは超簡単だ。

ダイナミック・プライシング（価格変動設定）を導入すればいいのである。

混雑時は料金が自動的に高くなるようにするのだ。

環七通りより外側から都心の主要幹線道路に入ってくる車には、一歩足を踏み入れた時点でＥＴＣ（自動料金収受システム）で課金すればいい。

僕は何も、首都高を走る車から一日１万円とか一週間５万円を取れと言っているわけではない。そんなことをすれば、東京で車になんて乗れなくなってしまう。

ただ需給に応じて価格を少し変えればいい。

混雑時は４００～５００円、ワンコインにプラスアルファした程度の金額を上乗せするだけで、渋滞はうんと緩和できるのだ。

小池都政でオリンピック期間中に導入する予定があったみたいだが、平時にやらなければ一般庶民にとって意味がない。

まずＥＴＣ車両検知器を大幅に増設し、東京中の各所でダイナミック・プライシングを可能にする。ＥＴＣを搭載していない車は、そもそも首都高に入らせない。東京では車へのＥＴＣ設置を義務化したい。渋滞をなくすにはこれしか方法がないのだ。

それでも「庶民にとっては１０００円、２０００円の違いも死活問題だ。ホリエモンは金持ちだけスイスイ車で走れればいいと言うのか」と文句を言うクレーマーに僕は問いかけたい。

「君たちはそんなに渋滞が好きなのか」と。

これだけライフスタイルが多様化し、テレワークなどが推進される世の中において、わざわざ同じ時間帯に同じように移動する必要なんてない。

もっと自由に生きよう。

「ダイナミック・プライシング」は我々の奴隷のようなモノトーンな生き方を、多様でカラフルに変える絶好のきっかけになるのだ。

2

ETCゲートを
なくす

渋滞が緩和されて損する人は誰もいないのに、なぜダイナミック・プライシングのような特効薬を思い切って導入しないのだろう。

「行儀良くみんなで行列に並びましょう」という「悪平等意識」のせいだ。

飲酒運転に子どもが巻きこまれて死亡したり、違法薬物を吸ってラリった男があおり運転で迷惑行為をしたりすると、世論はたちまち沸騰して大騒ぎになる。

居眠り運転の運送トラックが事故を起こして誰かが死亡しても、これまでは「業務上過失致死罪」という罪しか科せられることがなかった。これだと法定刑は5年以下の懲役もしくは禁錮しかない。

「人を殺しているのに罪が軽すぎる」という世論が沸騰すると、「危険運転致死傷罪」（致傷／15年以下の懲役、致死／1年以上20年以下の有期懲役）が、居眠り運転や脇見運転の場合「過失運転致死傷罪」（7年以下の懲役もしくは禁錮、または罰金）が制定された。

「かわいい子どもが交通事故で無残に死んだ」というテーマだと改革は早く進む。

しかし渋滞問題はセンセーショナルな話題にはなりにくいので政治家は手をつけない。票にならないこと、パフォーマンスにならないことは誰もやらないのだ。

だからいつまで経っても解消されない。都民の貴重な時間がいつまでも浪費され続けるのはあまりにもおかしい。

僕が「ＥＴＣでダイナミック・プライシングをコントロールすればいい」と提唱すると、料金所に設置されているＥＴＣ用ゲートを思い浮かべる人が多いと思う。

あのゲートは、実は何の意味もない。

ＥＴＣは時速１５０キロ以上で走る車でも計測できるハイスペックなシステムなので、あのゲート自体は無用の長物なのだ。

現に、東京都心ではゲートなしのＥＴＣがすでに一部に設置されている。たとえば霞が関から首都高に乗って池尻あたりで降りると、高速道路代はＥＴＣで自動的に計算される。

その際、現金で高速道路代を支払う人には割引優遇がされないのだが、ＥＴＣ利用者は何百円か高速道路代が安くなるのだ。

どこの道路であろうが、ＥＴＣは簡単に設置できる。ゲートなんて必要ないし、箱型の部屋を置いて見張りの職員を配置する必要もない。ＡＩ（人工知能）によって、ナンバーを読み取って課金することだって可能だ。

ＥＴＣ車両検知器を東京中に大増設し、少なくとも環七通りの内側の首都高には全部ダイナミック・プライシングを導入する。

渋滞が発生しやすい時間帯は４００〜５００円余分に課金する。増額分をケチる人が絶対に多数出るため、たったこれだけの工夫で首都高の渋滞をコントロールできるのだ。

日本人の労働生産性は驚くほど低い。無駄な時間が多すぎるのだ。

財布から小銭を出す時間、切符を買う時間、有人レジに並ぶ時間、意味のない会議の時間、くだらない電話の時間。

すべて無駄だ。人生は有限だ。一秒残らず使い切ろう。

まずは渋滞解消をすることで、より価値のあることに都民が貴重な時間を使えるようにすべきなのだ。

3

パーソナル・モビリティ推進都市に

そもそも今の自動車の乗り方は、僕から見るとあまりにも効率が悪すぎる。のちほど詳しく述べるとおり、Uberだけでなく一般車両まで含めた「白タク」を解禁するべきだと思う。

ライドシェアによって移動を効率化するのだ。

さらに自動運転が普及する近未来には、東京をセグウェイなどパーソナル・モビリティ（1人乗りの移動手段）の推進都市にしていきたい。

僕が構想する究極のパーソナル・モビリティは「イスの進化系」「カッコいい車イス」だ。

セグウェイや電動キックボードに乗っている人も、電動車イスを使う足の悪い人も、そのまま既存のバスや電車、タクシーに乗りこめるようにする。

無人運転のバスが東京都内をグルグル回っていて、座席は最初から全部取っ払われている。

車イス型のパーソナル・モビリティごと乗りこみ、バスの中で自動充電までできる。このようなバスを都内で走らせるのは、まったく難しくはない事業だ。

無人バス導入と同時に、歩道やバス停のバリアフリーも整備する。

介助者の手を借りずとも、車イスに乗ったままバスに乗車できる。こうすれば、パーソナル・モビリティの推進とバリアフリーを同時並行で進められる。バスだけでなく、電車も同じようにすればいい。

自動運転が当たり前の時代になると、今の自動車のようなカタチにこだわる必要はなくなる。

飛行機のファーストクラスの座席のような座り心地の良いイスに座ったままで自動で移動できるようになる。

「パーソナル・モビリティ特化型バス」というお題で東京都がオープンコンペを実施すれば、民間のデバイスメーカーが面白いアイデアをガンガン出してくるはずだ。東京はこの分野で世界をリードすることができる。

自動運転の時代が来ると東京はもっと「スマート」な都市に変わる。

4

満員電車は高くする

2016年の東京都知事選挙で、小池百合子氏は「満員電車ゼロ」の公約として「2階建ての車両を導入する」と方策に掲げた。

あれから4年が経過するわけだが、湘南新宿ラインの一部車両に見られるような2階建て電車が大増設される動きもなければ、満員電車も一向に解消されない。

満員電車対策も、首都高の渋滞と同じくダイナミック・プライシングによって簡単に解決できる。

新幹線のグリーン車やグランクラスが普通席より高く、飛行機のビジネスクラスの値段がエコノミークラスの4～5倍もするのと同じように、満員になる時間帯の乗車券を高く設定すればいいだけのことだ。

サラリーマンが、みんな揃いも揃って朝7時半とか8時に電車に乗り、朝9時きっかりに出社する必要なんてまったくない。

奇しくも昨今の新型コロナウイルス騒動のおかげで、東京都心ではテレワーク（在宅勤務）がずいぶんと進んだ。

「朝10時出社、午後4時退社」とか「時差出勤歓迎」という分散出勤の通達が出されたおかげで、ギューギュー詰め、おしくらまんじゅうのようだった「貨物列車」

の状況は少しだけ改善された。

人と人が接触しない程度の人口密度に変わったのだ。

そもそもみんなで朝の同じ時間帯に出勤する必要なんてないと、多くの人がやっと気が付いたのだ。

人間の生活習慣を変えるためには、新型コロナウイルス騒動のようなショック療法が必要なのかもしれない。

さて通勤・通学ラッシュの時間帯のダイナミック・プライシングは、1~2時間限定でかまわない。大勢の人が殺到する朝と夕刻の時間帯に限定して、電車賃を高くする。

決まった時間帯に大多数が移動するから混雑するのであって、てんでんバラバラに人が移動すれば混雑は緩和される。需要が高まれば高くなる。当たり前の市場原理だ。

たしかにインターネットがなく、同じ時間に同じオフィスに集まらなければいけない時代は満員電車も必要だったかもしれない。

そんな時代に朝夕のラッシュ時の電車賃が高くなるシステムを導入するのは難し

いだろう。

しかし、もはや時代は大きく変わっている。

毎日みんなで同じ格好をし、毎日みんなで同じ時間に移動する必要なんて一切ない。「Zoom」でもLINEでも何でもいい。それぞれ好きな場所から遠隔で仕事をすればいいのだ。

交通費支給額を低く抑えたい企業側の思惑と相まって、満員電車は緩和されるだろう。

そろそろ満員電車から解放されよう。わたしたちは、社会や会社の奴隷ではない。もっと軽やかに生きられる。

意味のない習慣を脱し、時代に合った生き方をしようじゃないか。

5

切符も
改札機も
なくす

満員電車解消とダイナミック・プライシング導入のために、そろそろ思い切って「紙の切符」も廃止してはどうだろう。

小さな隙間に切符を差しこむと、ガシャガシャ！　と印字して穴を開けてくれる改札機がある。

1台何百万円もするであろうあの機械は、もはや無用の長物だ。

申し訳ないがSuicaやPASMOをもっていない人は、基本的に電車に乗れないようにすればいい。

2020年3月、山手線の新駅「高輪ゲートウェイ駅」がオープンした。

この新駅には、SuicaやPASMOだけでなく、スマホのQRコードを読み取る新しい改札機が設置されている。

SuicaやPASMOのチャージ金額が足りなかったり、何らかのエラーが発生したりすると、自動改札機のゲートはバタン！　と閉じてしまう。もはやあの自動改札機ごと廃止してもいい。高速道路のETCと同じく、ゲートなんてなくても技術的には決済できるからだ。

JRや私鉄各社は「キセルや不正防止のために自動改札機は必要だ」という理屈

を唱えるのだろう。一定の割合で不正が起きることなんて、最初から容認してしまえばいい。3％の確率で不正が起きるのなら、切符代を3％高くすればいいだけのことだ。

ゲートつきの自動改札機は、ただでさえ単価がバカ高い。そのうえ保守・点検の費用も定期的にかかる。

不正をチェックし、監視するコストを考えるならば、あんなゲートは取り払ったほうがいいに決まっている。

テクノロジーがいくら発展しても、それを使う人間が古い頭のままでは世の中は一向に進歩しない。

ＩＴに強い都知事が片っ端から最先端のテクノロジーを導入し、紙や不要な設備をなくし、都民の生活をより快適にすべきだ。

くだらない混雑や事務作業に時間を使うのではなく、本当に自分のやりたいこと、ワクワクすることに没入できるようなクリエイティブな都市にしよう。

6

現金使用禁止令

「SuicaやPASMOをもっていない人は、基本的に電車に乗れないようにする」などと言うと、デジタルに対応できない人たちを見捨てるのかと批判される。

しかし年長者だからといって変わらないでいいと考えるのは、優しさではない。ナメているだけだ。

キャッシュレス化など誰だって対応できるし、一度覚えてしまえば便利すぎて、むしろ元には戻れない。

アメリカやヨーロッパでは、クレジットカード決済が主流だ。現金なんてチップを渡したり路上の屋台でホットドッグを買ったりするときくらいしか使わないし、100ドル札の現物なんてめったに目にすることはない。

お隣の中国や韓国ではキャッシュレス化が欧米以上に進んでおり、八百屋さんで大根を買うときであろうが、屋台で豚足やおでんを食べるときであろうが、クレジットカード1枚あればOKだ。

ホームレスがQRコードをもっており、電子マネーで投げ銭できる仕組みまである。

日本でも消費税増税に合わせてPayPay（ペイペイ）やLINEpay、メルペイなどが一気に普及したため、ようやくキャッシュレス化が進みつつある。

だが日銭商売のラーメン店やバーでは、未だに現金決済のみという頑迷固陋《がんめいころう》なところも多い。

東京都では、キャッシュレス化をより一層推進したい。原則キャッシュレス決済でなければ、飲食店に営業許可を出さなくてもいいくらいだ。

現金の管理は想像以上にコストがかかるし、脱税をする温床や裏社会にお金が流れる逃げ道にもなる。

新型コロナウイルス関連の経済支援の方法、現金給付のやり方について議論が起こっている。

郵送での申請など頭がおかしいのではないかと思う。社会全体が電子マネーに対応していれば、そんな無駄なことをせず、もっとスムーズに国民に給付することができる。

今のうちからキャッシュレス化を進めておくべきだろう。

またキャッシュレス化は感染症を防ぐ衛生対策のひとつにもなる。

新型コロナウイルス騒動によって、皮肉にも多くの人が硬貨やお札を使わなくなった。

何十人、何百人という人間が触った硬貨やお札は、はっきり言ってかなり汚い。手垢がベッタリくっつき、ワケのわからないウイルスだらけだと覚悟したほうがいい。

実際に、お金のせいで新型コロナウイルスの接触感染は起きる。これまで頑なに「現金主義」を貫いてきた年長者層も徐々に意識が変わりつつある。

レジで現金を扱う店は、衛生管理の意識が低くてヤバいと見られるようになった。「現金は面倒だ」「現金は不潔だ」と人々が気づいた今、東京都は思い切ってキャッシュレス化を一気に普及させるべきだろう。

7

東京メトロと
都営地下鉄を
合併・民営化する

石原慎太郎都知事の時代だった２０１０年、当時副知事だった猪瀬直樹さんが東京メトロ（東京地下鉄株式会社）と都営地下鉄の合体計画を提案した。

２０１２年12月に都知事に当選した猪瀬さんがＭ＆Ａ（合併・買収）を豪腕で進めようとしたのだが、猪瀬都政が１年で終わったため、計画はウヤムヤになってしまった。

都営地下鉄は都が運営しているわけだが、公営のインフラはどうしても経営が非効率だ。

東京メトロの株は政府が53・４％、東京都が46・６％をもっている。半分近い株を東京都が握っているわけだし、思い切って東京メトロと都営地下鉄を合併して株式会社化してしまえばいい。

都営地下鉄という大規模な公共事業を、なぜ自治体が運営しているのか。

そもそも昔は民間企業の信用力が足りなかったから、新しい路線を開発したり新車両を導入したりするときに、大規模な資金調達が難しかった。

東京都の信用力があれば、金融機関から大規模な資金調達ができて地下鉄を造れる。そういう理屈なのだ。

しかし近現代史を振り返ると、民間企業が鉄道を造った例は100年前にすでにある。

あまりに豪腕で豪快なため「強盗慶太」と呼ばれていた東急グループの創始者・五島慶太だ。

彼はもともと鉄道院（現・国土交通省）の官僚だった。

1920年代から会社を新たに作ったり買収しまくったりして、現在の東急電鉄に繋がる鉄道インフラを東京都内に造った。

過去の例を見てもわかるように、民間企業であっても大規模な資金調達は可能だし、新しい鉄道だって造れるのだ。

行政は民間ではできないことをするための機関であって、民間ができる仕事を行政がする必要はない。それでは民業圧迫になってしまう。

役人はお金儲けが下手だしユーザーの気持ちを考えないから、イケてるサービスにはなりにくい。

だから都バスも都営地下鉄も都電（いわゆる「チンチン電車」）も東京都交通局の管轄にはせず、全部民営化してしまえばいいのだ。

そうすれば経済合理性に基づいて経営改革がなされ、無駄な組織はなくなり、より「スモール」になる。

民営化を進めれば、今のショボくてイケてない都営地下鉄の駅ナカは格段に良くなるはずだ。

地下鉄は東京都に血管のように張り巡らされている。

ここをアップデートすることは東京の発展に欠かせない。

民間企業ならではの発想によって、地下鉄はもっともっと便利で面白くなる。

8

Uber解禁

東京はライドシェアを規制緩和するべきだ。

現在の東京都心では、国土交通省がガチガチに規制をかけているせいでライドシェアが解禁されていない。

既存のタクシー会社は、自社の雇用を守るために国土交通省と一緒になって岩盤規制をかけている。そのせいで「白タク」がちっとも解禁されず、Uberでさえ車両が一向に増えないのだ。

地方都市や離島に出かけると、田舎であればあるほどタクシードライバーは少ない。「1人につき1台の自家用車」が当たり前の田舎では、国内の観光客やインバウンド（外国人観光客）向けのタクシーが足りないのだ。

田舎ではタクシー会社がどんどん撤退して、タクシー空白地区が生まれている。これでは自家用車をもっていない人は困ってしまう。

兵庫県北部の山奥にある養父《やぶ》市は国家戦略特区として認められており、２０１８年からライドシェアの規制緩和が始まった。地元に住んでいる住民が、自家用車に出張族や観光客を乗せてお金を取れるのだ。

政府に申請して東京都を「国家戦略特区」「ライドシェア特区」として認定して

もらい、東京でライドシェアを自由化するのだ。

東京がライドシェア特区になれば、移動が格段に便利になる。民間にあるリソース（資源）を使えば、タクシーより安い値段でライドシェアできる。サラリーマンが週末にUberドライバーとしてアルバイトをすることもできる。

東京のタクシーは高すぎる。

ライドシェアを自由化すれば、おのずとUberやDiDiも運用範囲を広げ、価格競争が始まる。

ジョン・F・ケネディ空港からマンハッタンまで52ドル（約5600円）で移動できる「イエローキャブ」（黄色いタクシー）のように、羽田空港から都心まで3500円程度で移動できるライドシェアが流行るはずだ。

せっかく東京は狭い空間に面白いスポットが密集しているのだ。

渋滞解消、タクシー、バス、電車のアップデートによって世界最高の「3S都市」になる。

9

東京の空が空いている

まだ東京都が手をつけていない大きな資産がある。

実は建物の容積率緩和と空中権取引によって、東京都のすでにもっている不動産がキャッシュを生み出せるのだ。

なぜ近年になってから、東京都心でタワーマンションやホテルがバンバン建ち始めたのだろうか。一番の理由は、建築規制が緩和されたおかげだ。

都市計画法と建築基準法が一部改正されたおかげで、2001年5月から「特例容積率適用地区制度」が導入された。この制度によって、東京駅周辺にある低層ビルの余剰容積率を、別の物件に転売できるようになった。

2012年10月、老朽化していた東京駅の丸の内口がリニューアルオープンした。東京駅は低層階だから、ビルの10階、20階、30階に相当する空中部分が文字どおり「宙に浮いている」。

東京ビルディングや新丸の内ビルディングなど6棟のビルに、JRは空中権を譲渡した。この資金調達によって、古くなった東京駅のリニューアル費用（総額500億円）をすべてまかなったのだ。

2027年には、東京駅前に高さ390メートルの巨大ビルが完成する。これが完成すれば、現在日本一の高さを誇る大阪の「あべのハルカス」を超える。

隣接する地区に低いビルしかなければ、使っていない空中権を買い取って、このような巨大ビルを建てることも可能になる。

景観維持や環境悪化防止のため、東京都では乱開発を規制している。だから空中権取引を緩和しても、上海のようにむやみに高層ビルがガンガン林立することにはならない。

首都高速道路もかなりの空中権をもっているため、東京駅方式で空中権を売却すれば、民間企業から数百億円規模の資金調達をすることが可能だ。その売却益を使えば、改修や新しい道路敷設に必要な予算を捻出できる。

空中権取引ができるようになったおかげで、建物の容積率が実質的に緩和され、以前に比べて高層ビルを建てやすくなった。

この規制緩和を利用して、東京都はもっている物件の空中権をどんどん民間企業に開放できる。そして、その売却益で都民のためのインフラを強固にするのだ。

一方で東京都の空中権を買い取った民間企業には、世界に誇れる見たことのない「スペシャル」なスタジアムやビルを造ってもらいたい。

10

江戸城再建

東京をもっと面白くするにはどんな手があるだろうか。皆さんも考えてほしい。

雑誌「ビッグコミック」で連載中のマンガ「江戸城再建」（作画＝黒川清作）がメチャクチャ興味深い。

建設会社の社員が、かつて存在した江戸城の天守閣を民間企業主導で再建しようとする突拍子もない話だ。

現在皇居が存在している場所には、かつて江戸城があった。皇居の中に天守閣が建っている様子を、想像してみてもらいたい。

「明暦の大火」（１６５７年）によって、江戸城の天守閣は焼失してしまった。「すぐに再建しよう」という動きは当然あったわけだが、１６０３年の成立から50年以上が経過した江戸幕府は、すでに安定していた。

「軍事の象徴たる天守閣はもう必要ない」という意見が、江戸幕府の御意見番である保科正之から出た。その意見が採用され、結局、天守閣は再建されなかった。

それから時は流れ、現代の東京の象徴は東京タワーである。

１９５８年に完成した東京タワーは、東京スカイツリーが完成するまでテレビやラジオの電波塔として使われてきた。

産経新聞はかつて「産業経済新聞」という名前の経済紙だった。「東の日経、西の産経」と言われながら、産経新聞は関西を中心に部数拡張を続ける。

戦後に経済紙から一般紙に鞍替えすると、創業者である前田久吉社長は電波メディアの到来を予見し、世界一の高さを誇る塔として東京タワーを建設したのだ。

前田久吉社長の主導によって建設された東京タワーは、戦後、一から立ち上がってきた日本人を勇気づけた。

首都圏に電波を広く送るという使命をまっとうしたあとも、東京タワーは東京のシンボルとして燦然と輝く。

それと同じように、江戸城が再建されれば、たび重なる大震災や台風や感染症から日本が再び立ち上がる象徴になると思う。

もちろん計画は一筋縄ではいかない。

マンガ「江戸城再建」では、土台となる石垣を管理する文化庁、そして最大の抵抗勢力である宮内庁に突撃し、理詰めと情熱で木造の江戸城再建を訴えていく。

感情的な世論の反発を押し返し、巨額の資金調達を実行し、実際に施工に至るまでに、いったいどんなドラマが繰り広げられるのか。連載の続篇で、そこが描かれていく。

このマンガは、明らかに映像化を前提として作られている。

ひいては、実際に江戸城を建てるところまで構想しているのかもしれない。この物語を読みながら、僕も「江戸城再建はマジでアリかもしれない」という気持ちになったのだ。

もちろん宮内庁との調整が難しいことは重々承知のうえだが、一見突拍子もないように思えるこの計画には大きなインパクトがあると思うのだ。

東京は都知事が作るものではなく、都民の手で作るものだ。

東京都の役人に任せているだけではこういうぶっ飛んだアイデアは出てこない。

東京に造りたい施設や建物、スタジアムを、都民から募集してみるのも面白いはずだ。

11

VRのインフラを整える

新型コロナウイルス感染症などの感染症と共に生きるウィズコロナの時代はバーチャルなイベントが重宝されるかもしれない。そもそもリアルイベントは大変だ。「ホリエモン祭」などさまざまなイベントを主催してきた者として言わせてもらいたいのだが、数千円の入場料だけではイベントは絶対黒字にならない。

会場のレンタル料、照明や機材のレンタル料、スタッフの人件費など諸経費を考えたら、入場料だけではとても黒字化は難しい。アリーナやドームに万単位の客が集まるライブでさえ、チケット料単体だけでは黒字化は厳しい。

有料配信やスポンサー料、パンフレットやタオルなどのグッズ販売による収入、そして高額なＶＩＰ席収入の合わせ技によって、初めてイベントは黒字になる。ドームの安いアリーナ席でライブを観ている客は、ワーッ！　とイベントを盛り上げてくれる「賑やかし」と言っても過言ではない。

もともとハードルが高かったリアルなイベントがコロナ以降さらに厳しくなる。その前提で考えると、たとえばテーマパークは、巨大な敷地にジェットコースターやメリーゴーラウンドを設置する必要なんてないのかもしれない。

イスに座っていれば楽しめるＶＲ（virtual reality＝仮想現実）テーマパークで

十分だ。

実際、新型コロナウイルス騒動で、ももいろクローバーZメンバーのソロライブが中止に追いこまれてしまった。そこで主催者は、VRライブをYouTubeで生配信した。

最前列真正面の席にカメラを置いた「最前ど真ん中!・目線合う席」、ステージ上から客席を映す「一緒にオンステージ!・席」、ももクロの他のメンバーと一緒に客席からカメラを構える「みんなで仲良く観覧!・席」を設置した。

このVRライブは大好評だった。アリーナやドームを使わず小さなライブ会場を使えば、経費を大幅に抑えられる。無観客ライブはコストがかからないので、しっかりとファンを抱えるアーティストにとっては悪くない。

今回は実験的に無料配信されたわけだが、「ライブはバーチャルでも成立するんだ」と気づいたファンは、有料でも喜んで視聴すると思う。

VRの技術はどんどん進化している。

これからはリアルな場だけではなく、バーチャルで楽しめる技術やインフラを整えることも大切になるだろう。

12

足立区は「日本のブルックリン」に生まれ変わる

東京都には、足立区のように貧困層の多い地域がある。これは非常にもったいない。

足立区の貧困問題は、根本的に街づくりのあり方がまずいと僕は思うのだ。

ニューヨークのマンハッタン島には、国連本部、世界中の金融機関や証券会社が集結するウォール街、タイムズスクエアやブロードウェイなど、アメリカの富と権力とエンタメがギュッと集積している。

ブルックリン橋を渡ってマンハッタン島の地図上でいう右下へ移動すると、ブルックリンと呼ばれる地域がある。

マンハッタンの地代家賃は目の玉が飛び出るほどバカ高いわけだが、それに比べるとブルックリンの家賃は少しだけ安い。だからこの地域には、一攫千金を夢見て世界中から集まってきたアーティストやデザイナー、クリエイターが大勢暮らしている。

東京都の中で、足立区がもつイメージはとりわけ悪い。そのかわり、港区や世田谷区に比べて家賃はだいぶ安い。

足立区の中にも、東京都がもっている土地や施設はたくさんある。その施設をどんどん民間に開放し、アーティストが入居できるモデルを作ってはどうだろうか。

足立区で無駄に余っている公営施設を開放し、イケてるアーティストが格安の家賃で入居できるようにする。

「アーティスト・イン・レジデンス」方式で、足立区を創作のアトリエとしてもらう。足立区からコンテンポラリー・アートを発信してもらうのだ。

そうすれば、足立区はニューヨークのブルックリンのようにカッコ良くてイケてる街になる。

「ビーイング」創業者の長戸大幸さんは、B'zをプロデュースした音楽制作会社の経営者として有名だ。

長戸さんはプロデュース業以外にも、不動産の世界で広く名前が知られている。大阪の堀江（大阪市西区南東部）や東京都渋谷区の代官山は、彼が開発した。

もともと代官山は、2階建ての一軒家が立ち並ぶ何の変哲もない住宅街だった。長戸さんはその住宅街に、裏原宿あたりでお店を開いていた若手を移住させた。まだトップにはほど遠く、2番手3番手でくすぶっていてお金がない。そんな若者に声をかけて「オレが出資するから代官山でショップを開かないか」とリクルートしたのだ。

こうして長戸さんは、代官山の1階部分にセンスのいいショップを増やしていった。建物の1階にイケてるお店ができると、2階のブランド価値が高まって高く売れる。

美容室やお店がどんどん集積して、代官山はオシャレなファッションの街に生まれ変わった。不動産価値が上がった段階で、高値で売却して投資分を回収するのだ。

街のイメージはやり方によって変えることができる。

東京にはまだまだポテンシャルを発揮しきっていない市区町村がたくさんある。

アートの力で生まれ変わらせることができたら面白い。

13

築地・豊洲市場改革案

小池百合子都知事が誕生した直後、築地市場（東京都中央卸売市場）の豊洲移転問題で大騒ぎになった。

豊洲市場に土壌汚染、水質汚染があると難癖がつき、２０１６年11月の開業が大幅に遅れたのだ。

２０１８年10月に新・豊洲市場がオープンにこぎつけたものの、築地市場の跡地活用計画は全然進んでいない。

23ヘクタールにのぼる広大な敷地をもつ築地市場には、大きなビジネスチャンスがある。

実は豊洲市場においても、早朝のとんでもない時間からセリなんてする必要はない。

魚を獲った直後、爆速でセリが行われるわけではない。全国から魚が集まってくるまでには、当然輸送のタイムラグがある。

昔は冷蔵庫や冷凍庫の設備が乏しかったため、暑くなる前の早い時間帯にセリをする必要があった。

今は冷蔵庫も冷凍庫も空調も完璧に整っているのだから、わざわざ朝っぱらからセリをする必要はない。

実際、ミシュランの星つきレストランを経営している某オーナーシェフが「ぶっちゃけ豊洲なんて行かなくてもいいんですけど、仕方なく行っています。顔を見せに行くのが仕事なんですよ」と本音を言っていた。

卸売業なんてテレワークでできるに決まっているのに、あの世界には未だに古臭い精神論と根性論がはびこっている。

ガチガチの縦社会で固まっており、毎日早起きして現場に顔を見せなければ、仲買人から良い魚を卸してもらえないのだ。

漁師と一緒に船に乗ってみればわかることだが、新鮮な魚がおいしいわけでは決してない。

その場でさばいてすぐ食べたほうがうまいのは、魚の部位の中では内臓くらいだ。獲れたてのものを半日以内に食べなければ、内臓はすぐ腐ってしまう。魚の内臓をほとんど食べないのは「すぐ腐る」という単純な理由のせいだ。

マグロのような大型魚は、1週間とか2週間冷蔵庫で寝かせたほうが旨味が格段に上がる。新鮮なマグロがうまいわけではまったくない。

牛肉も、食肉加工してからすぐ食べるのはホルモンくらいだ。マグロと同じく、冷蔵庫で２週間くらい寝かせて初めて牛肉はおいしくなる。２週間寝かせることによって、味が落ちるどころか逆においしくなるのだ。

しばらく時間を置くと、魚や肉のタンパク質が分解されてイノシン酸という核酸が出てくる。このイノシン酸が、魚や肉がもつ旨味の秘密だ。

微生物がタンパク質を分解してくれるおかげで、旨味成分のイノシン酸が出てくる。だから腐りかけの肉が一番うまいのだし、熟成肉なんてわざとカビをつけている。カビがタンパク質を分解して、旨味を引き出してくれるからだ。

よって毎日決まった時間帯、それも早朝にわざわざ人が集まってセリを開く必要はまったくない。

「小池劇場」によってグダグダになってしまった築地・豊洲市場は、こういった科学的知識に基づいて大胆に改革するべきだ。

14

築地市場跡地のブランド化

僕は「WAGYUMAFIA」という会員制レストランを立ち上げ、世界のセレブに向けて和牛を売り出している。元サッカーイングランド代表のベッカムなども来てくれている。

その僕から見て東京は「食」のポテンシャルをまだ有効活用できていない。「早朝のセリ」ばかりか「セリをする場所」としての築地市場も豊洲市場も実はいらない。

そう言い切れる根拠はフグにある。「フグ=下関」というイメージが強いのはなぜなのだろうか。

山口県下関市には、全国で唯一のフグ専門卸売市場「南風泊《はえどまり》市場」がある。全国各地で上がった高級魚トラフグは、築地でも豊洲でもなくみんな下関に集まる。ここに日本全国のフグが集まるから、下関の市場にもっていけば一番値段が高くなるのだ。

下関へ行けば、最高級のフグが必ず買える。

だからといって、東京をはじめ全国のフグ料理店の仕入れ担当が、毎日のように下関に足を運ぶわけにもいかない。馴染みの仲卸に目利きを任せ、フグ料理店はおいしいフグを仕入れるわけだ。

「はだての生うに」で有名な羽立水産の先代社長は、超絶優れた目利きとして知られる。

この先代社長はウニの産地にはことごとく足を運んで目利きし、根室産などさまざまな地域のウニをキュレーションし、「はだての生うに」として売り出してきた。目利き師としてのキュレーターが優れていれば、寿司店はキュレーターを信頼して仕入れをテレワーク化できる。

繰り返して強調したいのだが、今の時代は豊洲市場に毎日足を運んで仕入れを行う必要なんてない。

豊洲市場は「都営の倉庫」と考えるべきだし、単に物流にとって都合が良い場所に「巨大な保冷倉庫」があるだけのことだ。

今の時代イケてるキュレーターが誰なのかは完全に可視化されているのだから、卸売市場としての「リアルな場所」は「スマート」に「スモール」にしたほうがいい。

効率化と縮小によって生まれたスペースは、観光資源として有効利用していけばいい。

たとえば、日本中のおいしい食を楽しめる象徴的な場所として、旧・築地市場をブランド化する。

築地をあらゆる食が楽しめる一大拠点にするのだ。

そのときにカッコいい演出を加え、「ショー」としてのセリを見せればいいのだ。

「小池劇場」によって築地市場の跡地活用は放置されてしまっているが、これほどもったいないことはない。

日本の「食」には世界に打って出るポテンシャルがまだまだある。

15

オリンピックは
リモート競技に

新型コロナウイルス騒動によって、2020年夏に開催予定だった東京オリンピックが1年延期された。

せっかく準備期間が1年延びたのだから、今からできる改革にぜひ手をつけたい。スタジアムではない日常の空間を使って、競技を実施するのはどうだろう。たとえば渋谷の246(国道246号)で、100メートル走の決勝を開催するのも面白いと思う。

100メートル走ならば、競技そのものは一瞬で終了する。アスリートの足を保護する樹脂を、爆速で路上に敷けば準備完了だ。

2016年夏、ブラジルのリオデジャネイロで開かれたオリンピックでは、マラソンのゴール地点が町中にあるカーニバルの会場だった。

リオのカーニバルでは、何キロもある直線道路を1時間くらいかけてひとつのチームがゆっくり進む。客がカーニバルを観覧する常設スタンドが、マラソンのゴール地点になったのだ。

2007年夏に大阪で世界陸上が開かれたとき、大会の直前に為末大選手が東京・丸の内でハードル走を披露したことがある(「東京ストリート陸上」)。東京オリンピックでも、あれと同じことをすれば盛り上がる。

設備費なんてほとんどかからないわけだし、こっちのほうが絶対楽しい。

また、会場に入るためのチケットを買えなかった人たちのために、パブリック・ビューイングの設置場所を増やしたい。

5Gの通信を使えば、8Kカメラで撮影した超高精細映像を瞬時に伝送できる。2019年にラグビーのワールドカップが開かれたとき、NTTドコモが8Kのテスト放送をしていた。あの映像は臨場感がハンパではない。

スタジアムは人混みがすごいし、トイレには行列ができる。

数百人単位の会場でパブリック・ビューイングを開けば、空調が効いていて涼しいし、トイレにも並ばなくて済む。解説も生放送で聞ける。

ウィズコロナの時代には後方の席でライブ鑑賞するよりも、パブリック・ビューイングのほうが臨場感もあるし人気が出るかもしれない。自宅でも今まで以上に楽しめるようにすべきだろう。

また新型コロナウイルスを過剰に恐れる人たちの反応を逆手にとって、個人競技は一部オンライン配信にしてしまってもいい。

各国代表の選手たちはわざわざ東京に集まらずに地元からそれぞれリモート配信すればいいのだ。

棒高跳びなどの記録を競い合う競技なら可能だろう。

今後は、人々の生き方が大きく変わる。

大規模なイベント、大人数による密集はもはや時代錯誤だ。東京オリンピックは新しい生き方の象徴にならなければいけない。

第二章

教育・社会保障

東京、そして日本の教育、
社会保障はまるで進化しない。
いつまで戦後みたいなことを
やっているのかと呆れてしまう。
しかし今は新型コロナウイルスの影響で
急速な変化を迫られている。
今こそカビの生えたシステムを破壊し、
新しいものに生まれ変わらせるときだろう。
東京の未来のためには待ったなしだ。

16

オンライン授業
推進

新型コロナウイルス騒動を受けて、全国の小中学校、高校の9割が休校を決めた。ワクチンや治療薬・特効薬の開発によって新型コロナウイルスを征圧できたとしても、そのうちまた新しいものが出現する。そのときに今回のようなドタバタ劇を再び繰り返すようではいけない。

パニックを教訓として、東京都内の公立小中学校でオンライン授業を導入すべきだ。そもそも1カ所に子どもたちが集まる必要がない。

教室に集合して対面式の授業を受けるのではなく、自宅にいながらタブレット端末やスマホで授業を受けるのだ。

年間カリキュラム全体の7割、まずはせめて5割をオンライン化したい。名目は「感染症対策」でいい。

アメリカ・ニューヨークでも、日本と同様に学校がいったん閉鎖された。ニューヨークではただちに体制が組まれ、実践されている。タブレット端末やWi-Fiがない家庭には、無償で端末や通信機器が支給される。

授業のオンライン化もできない学校に、教わることはそもそもない。

考えてみれば、すでに何十年も前から代々木ゼミナールや駿台予備学校ではオンライン授業が実践されてきた。

東京の小中学校でオンライン授業を導入すれば、ただでさえブラック労働、超長時間労働で疲弊している教員の負担を大幅に軽減できる。

もはや全国の先生みんなに同じような授業をさせる必要はない。たとえば国語は「今でしょ」でお馴染みの林修先生の授業を動画撮影し配信する。

たまたま入った学校の先生に教わるより、日本一教え方が上手い林先生の授業をオンラインで受けたほうがよっぽど学びになる。

オンライン配信ならアーカイブ化された授業動画を自分のペースに合わせて早回ししたり、反復したりできる。

偏差値50以上の優秀な生徒は、この方式で教育課程のカリキュラムを余裕でこなせるだろう。

では現場の先生は何の仕事をするのか。

授業についていけない偏差値50未満の子どもたちをターゲットに、チューター（個人指導の教師）として進捗サポートをするのだ。

ある程度意識が高い子は自分から授業を受けるが、難しいのは授業を聞く気がない子だ。そういう生徒に勉強へのモチベーションをもたせるのは難しい。

現場の先生は「教えること」ではなく生徒の勉強習慣やモチベーション維持を丁寧にサポートすることがメインになっていく。これは極めて重要な仕事だ。

林先生のような名物教師のオンライン授業を自宅で受け、授業についていけない生徒にはチューターがつく。この二本柱でオンライン授業は可能になる。

今どき、教育もすぐにオンライン化できないなんて終わっている。危機のときこそ、平時に放置してきた問題が浮き彫りになる。

世界に遅れをとるＩＴ化・オンライン化を今こそ教育分野で一気に進めるべきなのだ。

17

紙の教科書廃止

昔からランドセルは「ピカピカの1年生」の象徴として語られる。

小学1年生の平均身長は115センチ、体重は21キロ程度だ。小さな小学1年生が、およそ身の丈に合わないバカでかいランドセルを背負い、歩いて学校に通うのはあまりにもスマートじゃない。

3年生、4年生と進級するにつれて、教科書は次第に厚くなり、副読本も増える。書道や図工の授業があるときには、教科書とは別に道具セットをもっていかなければならない。音楽の時間にはリコーダーやピアニカも必要だ。

これらの荷物を合算すると、ランドセル本体と合わせて重さ10キロ近くにのぼる。体重30キロもない小学3年生が、自分の身体の3分の1に相当する大荷物をもって通学する。修行、苦行どころか、ほとんど拷問や虐待のレベルだ。

これはまるで、無意味なことに疑問をもたずに従う「企業戦士」としての洗脳を行っているようにすら思える。クソサラリーマンの英才教育だ。

2018年9月に「置き勉」を認める通知を文部科学省がやっと出したかほとんど実施されていない。

「置き勉」を実現するためには、文部科学省が予算をつけ、子ども1人につき1台ずつ「電子教科書」としてのiPadやスマホを買い与えればいいだけだ。

小学生が使うカバンなんて、1万円以下の量産品で十分だ。6年経ったらゴミになってしまうのだし、布製のトートバッグにiPadなどのタブレットを入れておけばいい。

ランドセルメーカーから猛烈な反発を食らうとは思うが、まず東京都から紙の教科書とランドセルを廃止するべきだ。

同じ教科書を毎日横移動させる意味不明な慣習をあらため、学校教育をペーパーレス化するのだ。2019年4月に学習者用デジタル教科書を制度化する法律が施行されたが、実際はまだ紙の教科書ばかりを使っている。東京都がまずお手本を示せば、全国の他の自治体も追随するだろう。

当たり前にできることから最新化、デジタル化しておくと、新型コロナウイルス感染症のような感染症への対策もスムーズに行える。

結局、いつまで経っても昔と変わらない習慣を放置してしまっていたから、今慌てているだけなのだ。

18

学校解体で
子どもの才能を
解放する

偏差値50未満の子どもは、40人のクラスであれば15～20人くらいだろう。授業についていけない彼らを置いてけぼりにして、どんどん授業を先に進めるのは気の毒だ。かといって、どん尻の生徒に合わせて授業をノロノロ運転していたら、優秀な生徒が先へ進めず足踏みしてしまう。

放っておいてもデキる子どもは、オンライン授業でどんどん自習を進めてもらう。デキない子どもには、チューターがオンラインとオフラインで個別に面倒を見る。こういう体制を組めば、教育全体の底上げになる。

そして、オンライン授業を導入すれば、広大なスペースを占める学校の土地と建物が空く。

都がもつ学校の不動産を売却したり民間企業に貸し出したりすれば、大きなキャッシュを生み出せる。

学校のスペースは、どう考えてもあんなに必要ないのだ。

小学校と中学校を実質的に縮小し、教育のスマート化、スモール化を進めたほうがいい。

チューターやティーチング・アシスタントが少人数教育をする体制を組めば、教育施設は巨大な学校ではなく、地域の児童館や公民館レベルの大きさに縮小できる。

「感染症対策」というお題目は、今なら多くの東京都民の心に刺さると思う。

毎年冬になるたび、なぜインフルエンザが全国的に蔓延するのだろう。

インフルエンザは子どもから子どもへ、そして子どもから家族へと伝染する。

学校に行くと、子どもは狭い教室に机を並べて密集して一日を過ごす。

給食の時間は、向かい合ってベチャクチャしゃべりながら食事を取る。休み時間や放課後になると、濃厚接触の連続でツバを飛ばしながらギャーギャー騒ぐ。

インフルエンザの感染者が1人出れば、たちまちクラス中に広まるのは当たり前の話だ。

「全校生徒を1カ所に集める」という旧式の発想を、そろそろあらためるときが来ている。

なぜ何百人もの全校生徒を、1カ所に集合させなければならないのか。軍隊で兵隊に号令をかけ、戦争に駆り立てる。そのための教育のなごりだ。

校庭や体育館に全校生徒を集め、「気をつけ!」「休め!」「右へならえ」と怒鳴り散らしながら生徒たちを強制的に拘束する。これは完全に軍隊教育だ。

詰め襟の制服なんて軍服そっくりだし、女の子が着るセーラー服は海軍の水兵服がモデルだ。

オンライン教育が実現すれば、生徒を型にハメる軍隊式の教育は一掃できるし、制服なんて一瞬で廃止できる。

「右へならえ」の軍隊式教育は高度経済成長時の日本にはずいぶんと貢献した。決まりきったことをひたすらがんばれば結果が出た時代には、余計なことを考えずに「右へならえ」をする人間が優秀とされたのだ。

しかし今、時代は大きく変わっている。

スマホ1台で世界が一変するような変化の速い時代において、「右へならえ」をする人間では対応できない。さらに言うと「右へならえ」をする人間はもはやロボットに代替される。

これからの時代は、先がわからない。変化が激しく、ルールもコロコロ変わる。そんな時代に人間はいかにあるべきか。

僕たちは常に自分の頭で考え、変わり続けないといけない。しかし教育だけは昔のままだ。一向にアップデートしない学校に何の疑問ももたず通い続けているのはおかしい。

まずはオンライン授業を導入し、学校に集まる時間自体を短縮する。それだけで凝り固まった子どもたちの脳みそは解放されるだろう。学校以外の友達と外に遊びに行ったり、自分でYouTubeを見たり、ゲームにハマッたりしたほうがよっぽど有益だ。

昼間に子どもが自宅にいるとなると、親が共働きできなくなるという懸念もあるだろう。

共働き世帯に対しては経沢香保子さんが立ち上げた「キッズライン」のような、ベビーシッターサービスを使える補助金やクーポンを出せばいい。

ペストでケンブリッジ大学が長期休校になったとき、学生だったニュートンは故郷に疎開してあの「万有引力」を発見したと言われている。

ニュートンに限らず、若い人たちの可能性を学校だけに閉じ込めてしまってはいけない。多様な世界に触れることによって才能は輝き出す。

世の中は「外圧」でしか変わらない。今こそ一気に教育を変えるチャンスなのだ。

19

「正解」を教えない教育

公教育のカリキュラムや教え方は、文部科学省が作る学習指導要領によって決められている。

ここは国の管轄だから、東京都が勝手に公立学校の教育内容を変えるわけにはいかない。

まずはオンライン授業を導入して学習指導要領を遵守しつつ、ゆくゆくは政府へのロビイングによって抜本的な教育改革を進める必要がある。

計算ドリルをひたすら何回もやらせたり、テストで高い点数を取らせたりすることだけを目的とする、そんな暗記主体の知識詰め込み型教育は、今の時代には何の意味もない。

スマホで「正解」はすぐに検索できる。「正解」を覚える教育ではなく、自分の頭で考える教育をしなければならない。

興味と関心を惹く教え方をすれば、子どもたちは目を輝かせて自分の頭で考え始める。

高校時代、化学の元素記号を「水兵リーベ僕の船」で覚えさせられた読者は多いはずだ。「水（H＝水素）兵（He＝ヘリウム）リー（Li＝リチウム）ベ（Be＝ベリリウム）ぼ（B＝ホウ素）く（C＝炭素）n（N＝窒素）o（O＝酸素）ふ（F＝フッ素）ね（Ne＝ネオン）」とお経のように復唱させられたところで、誰もがその時点で化学に対する興味を失ってしまう。

スマホにはリチウムイオン電池が使われている。

「水兵リーべ僕の船」の「リー」（Li＝リチウム）だ。

いきなり「リチウム」と言われたところで、子どもたちにとっては何のことやらさっぱりわからない。

だが「リチウムイオン電池はスマホに使われているんだよ」と教えれば、興味のもち方はまったく違ってくるだろう。子どもたちは目を輝かせて「リチウムとは何ぞや」という授業に興味をもつはずだ。

カリキュラムを通り一遍に教えるのではなく、身近なものにまず興味をもたせる。そのツールはYouTubeでもゲームでもかまわない。そこから科目の壁を越えて生きた知識を吸収していけばいいのだ。

教育を現代に合わせてアップデートする。これは都知事の大きな使命のひとつになるだろう。

20

大麻解禁

少子化対策のために炎上覚悟で、思い切った施策を提言したい。

東京で大麻を解禁し、東京を「大麻解禁特区」にするのだ。

カルチャー、アート、遊びを充実させると共に、東京をオランダのアムステルダムのような大麻フリー都市にする。

つい最近、沖縄本島の400キロ東にある南大東島に出かける機会があった。

「離島は高齢化率と少子化率が高くて大変だろうな」と思って地元民と話してみると、なんと南大東島は少子化どころか、子だくさんの島だったのだ。

都会と違って娯楽が乏しい僻地では、おそらく子作り（セックス）が数少ない娯楽のひとつなのだろう。

「1人子どもが生まれたら300万円、2人目が生まれたら500万円、3人目が生まれたら1000万円支給する」というバラマキ政策を導入したところで、子どもを作る気がない人は一人も子孫を作らない。

結局、気持ち良いからセックスをする。その結果、子どもができるのだ。子ども手当がどうだとか考えて計画的に子作りをする人は少数派だろう。

大麻を吸うと、セックスが格段に気持ち良くなるらしい。だから一部の芸能人は違法薬物とわかっていながら、手を出してしまう。

大麻を合法化してしまえば、東京は放っておいてもセックスフリーエリアに生まれ変わる。子育て対策に下手に予算をつぎこむよりも、大麻合法化のほうがよほど子作りのインセンティブ（動機づけ）になるのだ。

こんなことを言えば暴論だと炎上するだろう。

以前、ＴＢＳテレビの「サンデージャポン」のスタジオで薬物使用疑惑で逮捕された沢尻エリカさんについて議論になった。

僕は「大麻」が解禁されている国を例に出しながら、「大麻」が実際どれだけ人体に有害なのか犯罪率を上昇させているのか、正しい数字を検証し、解禁、非犯罪化も視野に入れた議論も必要ではないかと発言した。

その瞬間、他のコメンテーターたちからこれでもかというほど袋叩きにされた。

僕は小学校のホームルームを思い出した。人の意見をろくに聞こうともせず、クラスの１人を全員でよってたかってイジメる。

そして彼らが言うのは「悪いものは悪い」という意見だ。

「悪いものは悪い」と言って議論をすることすら否定した瞬間、人は思考停止する。

これは危険だ。

世の中を前に進めるために必要なのは、まずゼロベースで考えてすべての常識を疑ってみる意識だ。

これは「ルール」だから、これは「決まり」だからといって、考えること自体を止めてしまったら世界はそこから進歩しない。

今ある常識は過去の誰かが作ったものだ。これからの新しい常識は僕たちの手で作っていかなければならない。

東京を最先端の面白い都市にするために、今までの常識をすべて疑って議論をすることがまずは大切なのだ。

古い常識と言えば、もうひとつ。

「週刊文春」を筆頭とする週刊誌が唱える「不倫は悪だ」の常識にも一石を投じたい。

生まれてくる子どもの5％は、実は夫の子ではないという説がある。

芸能人や著名人の不倫が凶悪犯罪のようにバッシングされているが、一般の人でも不倫している人は決して少なくない。

結局、現代人に「結婚」という制度は合わないのだ。

一夫多妻制、多夫多妻制のような生き方がもはや既成事実化している。だから東京は開き直って「フリーセックス都市宣言」をしてしまえばいい。

「大麻解禁」「フリーセックス都市宣言」、この二つによって東京は少子化を食い止められるかもしれない。

もう一度言おう。これは暴論だと炎上するだろう。

しかし、ここで伝えたいことは常識を一回疑ってゼロベースで議論してみようということだ。僕はそのための過激なお題を投げ続ける。

すべての進化はそこからしか生まれない。

21

低用量ピルで
女性の働き方改革

これからの東京、そして日本において女性の社会進出と働き方改革は必要不可欠だ。働きたい女性がもっと楽に働けるようにするのだ。

これを爆発的に促進するために、低用量ピルが大きな効果を生むと考えている。

このアイデアは、一般社団法人・予防医療普及協会の活動で産婦人科医と話をしているときに思いついた。

アフターピルという、セックスをしたあとに飲むと妊娠を防げる薬がある。セックスから72時間以内であれば、排卵を抑制したり、受精卵が子宮に定着したりすることをブロックする仕組みで、レイプや避妊具の着脱事故による望まない妊娠を防ぐために、絶大な効果を発揮する。

一方、アフターピル以外に、普段から飲む低用量ピルもある。

生理痛が重い人は生理が来るたびに体調がおかしくなり、入院までしたくなるほど苦しいという。しかし、毎日低用量ピルを飲むと、妊娠したようなホルモン環境を作り、月経前症候群（生理が近くなると、身体や精神に不快な症状が現れること）や生理痛が緩和する。

子宮内膜症の治療や卵巣がんの予防にも有効とされている。これだけで、女性の心身にかかる負担がどれだけ軽減されることか。

しかし、日本におけるピルの普及率は、先進国の中で最低レベルでしかない。ピルを使いたくとも使いづらいイメージがあるのだ。

産婦人科医によると、昔の女性は現代よりも生理の回数が少なかった。戦前の日本人は、7人も8人も子どもがいるのが当たり前だったからだ。

若いときにセックスして妊娠し、1人目の子どもを産んでから毎年ずっと子どもを産み続ける。そのまま閉経を迎えれば、生理の経験は今よりもグンと減る。だから昔は子宮系の病気が少なかった。生理前や生理中の不定愁訴（原因不明の片頭痛、疲れやだるさ、食欲の減退）も少なかった。

僕が付き合ってきた女性にも、それまでニコニコ明るく過ごしていたのに、突然怒り出すケースがたびたびあった。そんなとき「生理だからってイライラするなよ」なんて逆ギレしたら、火に油を注ぐことになる。

みんなタブー視して言わないことだが、月々の生理が、女性の社会参画を遅らせている大きな原因であることは間違いない。

東京大学時代に同級生だった女子学生のことを思い返すと、彼女たちは男の同級生よりもはるかに真面目であり、勉強もできた。なのに大学を卒業したあと、社会的に活躍しているのは女性ではなく男性だ。

フェミニストからもアンチ・フェミニストからもバッシングを受けそうではあるが、あえて提言したい。

ピルの使用を公費で助成し、生理や避妊に関する悩みを軽減できれば、女性が手がける仕事の生産性はグンと上がるはずだ。そうすれば、女性の社会進出と地位向上は今よりずっと進み、社会全体の生産性がアップするのではないだろうか。

欧米では毎日服薬せず、持続力が高い身体に貼りつけるタイプや体内に埋めこむタイプが実用化されている。

生理と聞くと世の男性はその瞬間に思考停止してしまう、タブーのような空気がある。しかしその被害を受けるのは女性だ。

女性が働きやすい都市にならなければ東京に明るい未来はない。

22

健康寿命世界一

少子高齢化は、現状でもすでに日本の財政をかなり圧迫している。今後ますます進むだけに、東京都としても今すぐ手を打たなければならない。何も手を打たず放っておけば、日本の社会保障は早晩破綻する。

２００８年は「人口減少元年」と呼ばれる。この年以降、それまで増え続けてきた日本の人口は右肩下がりで減り始めた。国立社会保障・人口問題研究所の推計によると、２０５０年代の日本の人口は1億人を切るとされる。

現役世代3人で1人どころか、現役世代2人で1人の高齢者を支えなければならない時代が到来するのだ。

高齢者がヘルパーやデイサービスを使ったり、ショートステイや特養（特別養護老人ホーム）といった介護施設に入ったりするためには、自治体から介護保険の認定を受けなければならない。

判定基準は2段階の「要支援」、5段階の「要介護」だ。

症状が軽い「要支援」であれば、他人の手を借りなくとも何とか日常生活を送れる。「要介護」の段階が進めば進むほど、食事や入浴、トイレのたびに誰かの手を借りなければならなくなる。

内閣府の「高齢社会白書」(2019年度版)を見ると、高齢者が要介護になる原因は①認知症(18・7%)、②脳血管疾患(脳卒中)(15・1%)、③高齢による衰弱(13・8%)、④骨折・転倒(12・5%)だ。

65~74歳の前期高齢者は要支援が1・4%、要介護は2・9%でしかない。75歳以上の後期高齢者になると、要支援は8・8%、要介護は23・3%へと跳ね上がる。後期高齢者では要支援・要介護を合計すると、3割以上を占める。

人口ピラミッドの中で最も巨大なボリュームゾーンである「団塊の世代」(1947~49年生まれ)は、これから次々と後期高齢者へと年齢を重ねていく。

こういった後期高齢者を国として完璧に支えるのは現実的ではない。

重要なのは、彼らが要支援・要介護にならないように「健康寿命」を延ばすことだ。年を取ると人と会話をしたり外に出かけたりする機会が少なくなる。

特に配偶者に先立たれてしまった場合などは家で1人で過ごすようになる。そうすると急激に身体が弱くなり、頭もボケるのだ。

高齢者になっても若々しく活動的でいられる期間を延ばす。この環境を作るほうが介護施設を充実させるより大切なのだ。

23

「ジジ活」「ババ活」で出会い応援

病気や認知症が進行し、すでに要介護の段階が進んでしまった高齢者には、現状の資源を使って介護を受けてもらうしかない。

一度要介護の状態に進んでしまうと、劇的に回復するのは難しいからだ。

現在の社会保障は、まだシステムが崩壊することなく保たれている。

社会保障を今後崩壊させないために、新たに要介護認定を受ける高齢者を増やさないことが重要だ。そのためには、高齢者の行動変容を促し「健康寿命」を延ばす仕組みを作るしかない。

家から出歩くのが面倒くさくて引きこもったりケガをして足腰が立たなくなったりすると、高齢者は途端にボケ始める。自分の世界が急速に狭まり、病気や認知症に陥りやすくなるのだ。

いつまでも健康でいるために、80歳になろうが90歳になろうが、身体を動かさないといけない。

そのために一番有効なのは出会いを増やすことだ。いくつになっても恋をすれば心も身体も動き出す。

世の中には意外とおじいちゃん、おばあちゃん好きが多い。

蜷川実花監督が最近作ったNetflixドラマ「Followers」を観ると、70歳近い夏木マリさん演じる田嶋エリコが20代の男の子と付き合う話が出てくる。スポーツジムでトレーナーをやっているババ専の若い男の子が、田嶋エリコと意気投合して付き合い始める。一緒にトレーニングするうちに、世代の差を乗り越えてセックスを楽しむ関係になるのだ。

お互い恋愛関係にあれば、30歳差だろうが40歳差だろうが何の問題もない。68歳のときに「45歳差結婚」を果たした加藤茶さんを見習ってもらいたい。

そこでおじいちゃんやおばあちゃんに出会いの場を設けるために、東京都としてマッチングアプリを作るのはどうだろうか。

「パパ活」ならぬ「ジジ活」や「ババ活」を勧めて、お互いハッピーになってもらうのだ。

「ジジ活」「ババ活」を推進して恋愛するようになれば、それだけで高齢者の脳は活性化される。すると介護の必要なんてなくなるわけだ。

生涯現役でいてもらうことが一番の高齢者の介護対策だ。

何歳になろうが、恋をする。スマホやゲームアプリの使い方を覚えて新しい遊びを楽しむ。
仲間を増やして楽しく過ごす。
こうしたことの積み重ねによって、高齢者の健康寿命は確実に延びる。
東京は「人生１００年時代」を謳歌できる都市にならなくてはいけない。

24

東京の
ダイバーシティ

アメリカやヨーロッパなど世界各地を旅していると、男性同士や女性同士のカップルが普通に町中で仲良くデートしている。

ＬＧＢＴ（ゲイやレズビアン、バイセクシュアルやトランスジェンダーなど性的少数者）に向けられる視線は、日本よりもずっと温かい。

日本では高齢者を中心に、未だに「男が男を愛するなんて病気だ」とか「気持ち悪い」という偏見が根強い。

電通が20～59歳の男女6万人に実施した調査（２０１８年）によると、ＬＧＢＴは全体の８・９％にのぼる。約11人に１人がＬＧＢＴということは、顔が思い浮かぶ友人知人の中に、何人もゲイやレズビアンがいても不思議はない。

２０１５年３月、同性婚を認める「同性パートナーシップ証明制度」が渋谷区議会で成立した。２０１５年11月には世田谷区でも条例が成立し、札幌市や那覇市、茨城県など全国20以上の自治体に同性婚が広がっている。

２０１８年４月には、東京都国立市で「アウティング」を禁止する条例が施行された。「××君はゲイだ」とか「△△さんはレズビアンだ」といった個人の性自認を、勝手にバラすことを禁止する全国初の条例だ。

東京を皮切りにダイバーシティ（多様性）が広がっているのは良い流れだと思う。

僕自身は結婚という制度そのものが重要だとは考えておらず、相手が同性であろうが異性であろうが、個人的には結婚したいとはまったく思わない。

しかし、世の中には婚姻届という書類を2人揃って自治体に提出し、友人知人を招いて結婚パーティを盛大に開きたいタイプの人もいる。

そういう人のために「同性パートナーシップ制度」のようなシステムは必要だ。同性婚に加えて、「世の中にはゲイやレズビアンの人たちが存在する」という当たり前の認識がもっと広がるといい。

最近、駅構内には性別を問わず入れる「だれでもトイレ」が増えた。トランスジェンダーの人にとっては、男性用トイレや女性用トイレに入ること自体が苦痛だったりする。

外見的には健常者と変わらないが、人工肛門をつけて生活している障害者もいる。そういう人が気軽に入れる「だれでもトイレ」のような場所は、都営の施設ではどんどん増設したほうがいい。

マイノリティにきめ細かい配慮をめぐらせる社会は、実は優秀な人材を呼びこむためのカギになる。

服飾デザイナーやクリエイター、芸術家の中には、ゲイやレズビアンが多いし、何よりも意識が高くセンスも良い未来を見通す力がある世界レベルの人材は、オープンで先端的な都市に集まるのだ。

東京は最先端でなければならない。いつまでも古い価値観にとらわれてしまってはいけない。

今の東京をぶっ壊し、新しい東京を作り上げよう。

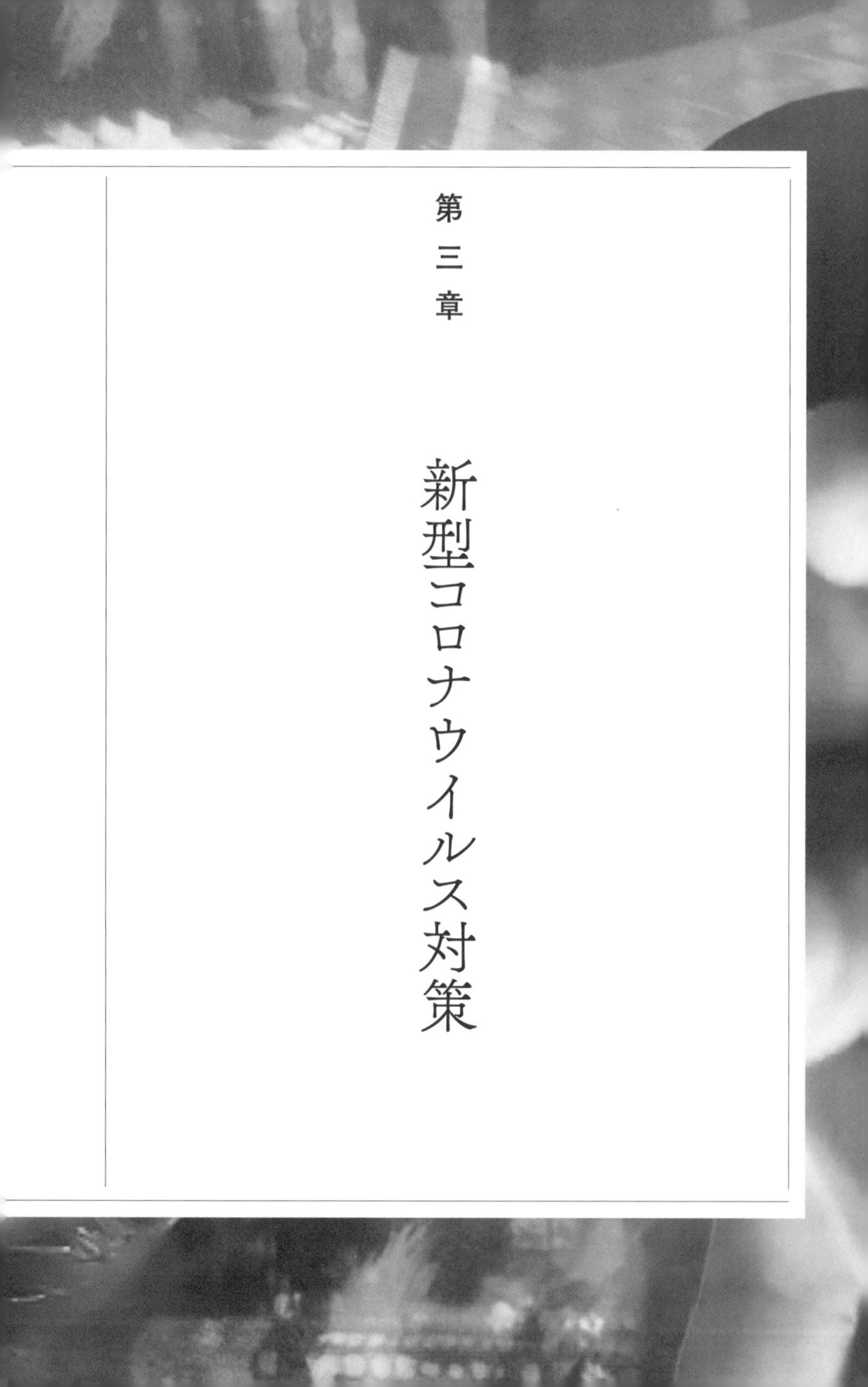

第三章

新型コロナウイルス対策

政府や各自治体の
新型コロナウイルス対策は終わっている。
メディアと一緒に危機感を煽り、
集団ヒステリー状態の国民に同調する。
このままでは、経済は壊滅的な状況になり、
新型コロナウイルス感染症での死者よりも
自殺者の数のほうが多くなるだろう。
過剰な自粛には何の意味もない。
ある程度のリスクを受け入れながら、
経済活動を再開すべきだ。

25

ストップ・
インフォデミック

2020年1月から、中国・武漢を皮切りに世界中に新型コロナウイルスが広まった。この本を執筆している5月現在も、感染は終息するどころか、まだまだ広がっている。

WHO（世界保健機関）はパンデミック（感染症の世界的大流行）を宣言して警戒を促しつつ、2月初めにインフォデミックへの警鐘も鳴らしている。

「インフォデミック」（infodemic）とは「information epidemic」（情報の伝染）の略称だ。

SNSなどによって、ウイルスの性質と予防対策について正確な情報が伝わるのなら良いことだ。

問題は、不確かな伝聞情報や誤った情報によって人々がパニックを引き起こすことだ。すでにSNS上では、「中国政府による細菌兵器だ」といった類の陰謀論や、無数のフェイクニュースがものすごい勢いで飛び交っている。

ジャーナリストや有識者までもが、出所不明のウソ情報に惑わされるあり様だ。

読者のみんなはフェイクニュースに踊らされることなく、「ウイルスを正しく恐れる」という基本に立ち返ってほしい。

新型コロナウイルスが、経済損失を含めてケタ違いの世界的脅威になってしまったのにはインターネットとスマホ、ＳＮＳがもたらしたインフォデミックの弊害が間違いなくある。

ＳＮＳは、誤った情報や怪しげな噂の拡散力がものすごく強い。

科学的な知見に基づいて正しく恐れるのではなく、目に見えない脅威にひたすら怯え、根拠なき恐怖にうち震えている人が大半だ。

みんなが抱える疑問を解決するため、ＮＩＨ（アメリカ国立衛生研究所）で研究員を務める感染症対策の専門家・峰宗太郎さんに詳しく話を聞いた。

以下のYouTubeチャンネルにアクセスすると無料で視聴できるので、ぜひアクセスしてみてほしい。YouTubeで「コロナウイルス　ホリエモン」で検索すれば、すぐ動画が見つかると思う。

https://www.youtube.com/watch?v=xDBtQCQ6fWk（前編）

https://www.youtube.com/watch?v=qICAP83rDck（後編）

僕は国民のために役立つこのような動画を、これからも自分のメディアでアップロードしていく。

情報がこれだけ氾濫する世の中で科学的エビデンスに基づく発信はこれから大切な仕事になっていくはずだ。

当面のところ、既存の抗インフルエンザ薬や喘息の薬の中で使えそうなものを、対症療法として応用していくしかない。その第1段階の努力によって、医療崩壊を何とか食い止める。

第2段階として待たれるのが、ワクチンの開発だ。これはさすがに数ヵ月単位では難しい。1年、2年と長い年月をかけなければ、特効薬と言えるほどのワクチンは完成しないだろう。ただしワクチンができあがったとしても、副作用を恐れて打たない人が多いとも思う。

子宮頸ガンを防ぐためのHPV(ヒトパピローマウイルス)ワクチンや乳ガン予防のためのワクチン投与の流れは、副作用を恐れるクレーマーの大反対によって潰されてしまった。

新型コロナウイルスに対抗するためのワクチンができたとき、ワクチン反対派の声に潰されないようにしなければならない。

小池百合子氏はセンセーショナルなことを言いすぎだ。必要以上に危機感を煽り明らかな過剰自粛を誘発している。経済が止まっても政治家の給料はほとんど減らない。しかし民間人は食べていかなくてはならないのだ。

いかにコロナウイルスと共存しながら経済を回していくか。

インフォデミックという言葉が生まれた今、科学的知見に基づいて、正しい政策を実行できるリーダーが必要だ。

26

経済活動を再開せよ

目に見えないウイルスに恐れおののき、「ウイルスがゼロになるまで戦い続ける」という果てしなき消耗戦に突入すれば、経済活動がストップして産業が全滅してしまう。何でもかんでも自粛してしまっては、コロナで死ぬ人より自殺者のほうが多くなる。

ゼロリスク信仰のせいでがんじがらめになることなく、「ウイルスを正しく恐れる」という基本から外れないことが肝要だ。

２０２０年2月26日、安倍晋三首相は大規模なイベント開催への自粛を全国に呼びかけた。

罰則規定のないただの「要請」に応じて、コンサートや演劇、宝塚歌劇や落語、映画に至るまで、あらゆるエンタメが自粛モードに突入している。

イベント中止によって発生する莫大な損失は、誰も補償してくれない。こんなことをクソ真面目にやっていては、日本のエンタメ産業は全滅してしまう。

沖縄県では2月20日以降、新型コロナウイルスの新規感染者が確認されなかった。そこで玉城デニー県知事は、しばらく自粛していた沖縄県主催イベントを3月16日から再開することを決めた。知事には大きな権限があるのだから、政治家の決断力によって毅然たる対応をするべきだ。

僕は何も、目に見えない敵との戦いを最初から放棄して、まったく対策をせず放置しろと言っているわけではない。

サーモグラフィ(赤外線カメラによる体温測定器)を使って来場者の体温を計測し、微熱がある人は入場を拒否する。入場者には両手をアルコール消毒するよう促し、手洗いやうがいを義務づける。

こうした簡単な方策を取るだけでも、感染症を格段に予防できる。今までインフルエンザに対してやっていたのと同じ対策をするだけで、新型コロナウイルスの感染は大幅に抑制できる。

今回新たに発生した新型コロナウイルスは、なぜパンデミックを引き起こして世界中に拡散してしまったのだろう。感染リスクが高まる要素に「3密」がある。
①密閉
②密集
③密接
新型コロナウイルスに限らず、鼻水や痰・ツバには大量のウイルスが存在してい

る。だからくしゃみやせきをすると、そのウイルスが周囲にドバッと拡散されるのだ。

ライブハウスやスポーツジムの環境を頭に思い浮かべてみると、①〜③の要素が見事に全部当てはまる。だからこうした場所では、感染の危険度が非常に高い。

新型コロナウイルスの感染力に関して付言すると、小さな子どもからお年寄りまで基本的に感染の仕方はみんな同じだ。

ただし体力や免疫力が劣った高齢者、糖尿病や高血圧など基礎疾患を抱えている人は重症化しやすい。

①〜③の三つの要素が複合し、高齢者や基礎疾患のある人を巻きこまない限りにおいて、イベントを自粛する必要は基本的にはない。

安倍首相の要請を受けて、宝塚歌劇団は2月29日から公演を休止した。3月9日に公演をいったん再開すると、何でもかんでも「不謹慎だ」「感染者が広がったらどうするんだ」と文句をつける「不謹慎厨」からクレームが殺到した。そして3月12日以降、再び公演を休止する。3月22日に公演をいったん再開したものの、すぐさま3度目となる延期が決まった。

宝塚歌劇はじっと座って観ているだけだから、危険性はほとんどない。入場者の体温チェックと両手のアルコール消毒、手洗いやうがいさえやっておけば、場内で感染が爆発的に広がるリスクは乏しい。熱があったり、せきが出たりしてカゼっぽい人は、入口でシャットアウトして帰ってもらえばいいのだ。

新型コロナウイルス騒動によってイベントが次々と中止される中、2020年3月22日に名古屋で「ホリエモン祭」を開催した。

このときは「ここまでやるか」と思うほどあらゆる対策を徹底的に取った。入場者には手をアルコール消毒してもらい、マスクを配って装着してもらう。換気をしまくって空気がこもらないようにし、トークイベントの合間には「みんなで消毒ターイム!」と声をかけて全員で手を消毒する。

客席は1メートルずつ間隔を空け、食事はパックで密閉して全部フタをつけた。当日は客に体温測定してもらい、ちょっとでも微熱があったりカゼっぽかったりする客は入場を断った。

来場者の名簿も作成し、万が一感染者が発生したときには爆速で連絡を回せるようにもした。

ここまで感染対策をやれば、リスクは限りなくゼロに近づく。

放っておくとマスメディアは必要以上に危機感を煽るようになり、大衆は同調圧力によって他人と違う行動をする人を叩き始める。

「正しく恐れる」を実践するためには、政治家が科学的な知見に基づき、冷静なアナウンスを出すしかないのだ。

新型コロナウイルスをやっつける特効薬やワクチンが開発されたとしても、来年、再来年に突然変異を起こした新型ウイルスが再び大流行する可能性はある。

普通のインフルエンザだって、毎年新しい型が生まれる中みんなで戦ってきた。感染症との戦いは永遠に終わらないのだ。

人命と経済どちらが大切か？　という議論は意味がない。これらは両輪で回っている。経済が完全に止まれば失業者で溢れ、自殺者も増える。どこかの時点で割り切って経済活動を再開させなければならない。感染者も死者もゼロにすることなど不可能だ。

東京は経済再開に向けたガイドラインを作らなくてはいけない。出口戦略なき自粛要請はあまりにも無責任だ。

「不謹慎厨」が叫ぶ大きな声に負け、政治家が冷静に判断できない。これはまずい。「登山も危険だ」「スーパーにも行くな」と有名人がSNSなどで発信している。そして、まるで戦時中のように国民全員で相互監視をし、「コロナ警察」が外を出歩く人間を一斉に叩く。

「3密」にならなければ感染リスクは低いのに、もはや誰も適切な判断ができなくなっている。まるで集団ヒステリーだ。

大衆におもねったほうが選挙で当選しやすいから、政治家は怖くて本当のことを言えなくなってしまう。

経済再開をずっと訴えてきたのは僕くらいだ。毎日、毎日、世間から罵詈雑言を浴びている。

しかし僕は「不謹慎だ」「それは暴言だ」と反発を食らおうが、本当のことを声を大にして言う。政治家が科学的な知見に基づいた冷静なリーダーシップを発揮できなければ、人々はインフォデミックに翻弄されて右往左往してしまう。

ゼロリスクなんてあり得ない。

絶対感染したくなければ家から一歩も出ずに、まったく誰とも会わないようにするしかない。しかし、そんなことはいつまでも続けられない。

東京都の新型コロナウイルスによる年代別の死亡者を見ると60代以上が9割だ。現役世代は感染しても死亡するリスクはほとんどないのだ。

つまり経済を止める必要はまったくない。

高齢者と接触しないように気をつけながら、現役世代は積極的に働いたほうがいい。

政治家が言えないから僕が繰り返し言おう。

過剰な自粛は今すぐやめて、経済を再開せよ。

第四章

都政

東京の政治は
時代遅れの大企業のようだ。
まずは東京都が徹底的に
テレワークを導入し
お手本を見せるべきだ。
そして可能な限り
業務を民営化すれば、
都の職員数は大幅に削減できる。
いつまでも無駄にでかい
組織ではいけない。

27

今こそ
ネット選挙を
導入せよ

2020年6月18日に東京都知事選挙が告示される。投開票日の7月5日まで、3週間弱の選挙戦が始まる。新型コロナウイルス騒動でみんながパニックに陥っている中、今こそネット選挙導入のチャンスだ。

不在者投票(事前投票)は地域の区民センターで実施され、何百人、何千人という有権者が出入りする。

投票当日は、小学校の体育館に朝から行列ができるほどだ。投票券をもらうときには係の人間との短い会話もあるし、「3密」(密閉・密集・密接)の3要件が揃ってしまっている。

「紙」を直接手渡され、誰が触ったのかわからない鉛筆を握って名前を記入する。投票を締め切ったあとには、さまざまなウイルスが付着しているに決まっている「紙」をワラワラとつかみながら開票する。こんなアナログ極まる選挙は、いい加減にやり方を変えるべきだ。

「公職選挙法を改正するための手続きに時間がかかる」という言い訳が出てくることは、容易に想像できる。

ならば超法規的措置を使ってでも、今回の東京都知事選挙に限ってはネット選挙へ舵を切るべきだ。

こういうときにネット選挙ができなければ永遠にできないだろう。

公職選挙法改正によって、２０１３年７月の参議院選挙からネット上の選挙運動が解禁された。

公示から投票日まで、ウェブサイトやブログ、ＳＮＳやＬＩＮＥを使った宣伝活動が自由化されたのだ。

遅きに失したとはいえ、これは昭和のまま止まっていた日本にとって大きな前進だった。

ネット上の選挙運動解禁に加え、投票もスマホひとつで完了できるようにするべきだ。

そうすれば、投票所までわざわざ出かけるのが面倒くさい若者の棄権率を下げられるし、足が悪い高齢者の棄権防止にもなる。いいことずくめではないか。

「若者の政治離れ」「若者の投票率が低い」などと政治家は言うが、問題はいつまでも政治をオンライン化できない政治家にある。

ＳＮＳの使い方が下手な政治家はネット選挙が導入されると都合が悪いのだろう。

今回の都知事選もネット選挙が解禁されたら、僕のようなネット上のフォロワーが多い人間にかなり有利になる。小池百合子氏が負ける可能性も出てくる。

だから結局、今回もネット選挙は解禁しないだろう。

いつの時代も権力者は既存のルールが変わらないほうが都合がいい。だから政治にはイノベーションが起こらないのだ。そのツケを払わされるのは、いつだって国民であり、都民である。

「3密」がダメと言っているにもかかわらず、従来どおりのアナログ選挙を実施するのは矛盾でしかない。

技術的にできるのだから、やるべきだ。

都民の皆さん、よく考えてほしい。このままでいいのか?

28

QRコードで投票できる

2016年7月の東京都知事選挙は、小池百合子氏と「都民ファーストの会」フィーバーのおかげで、投票率は59・73％を記録した。石原慎太郎氏が当選した2003年4月の都知事選は投票率が44・94％、猪瀬直樹氏が失脚して舛添要一氏が当選した2014年2月の都知事選は、投票率が46・14％と低迷している。かつては投票率が7割を超えることもあったことを思えば、半分以下の有権者が棄権しているのはよろしくない事態だ。

投票率を上げ、政治への無関心を食い止めるために、ネット選挙はどうってつけの施策はない。特に今はコロナの影響で普段政治に興味をもたない若者も我がこととして国や都の政策について考えている。

今、ネット選挙を導入すれば、確実に投票率は上がる。これまで一度も投票所に足を運んだことがない若者も、こぞって投票するだろう。

今は銀行口座も証券口座も仮想通貨の口座も、オンライン上で全部作れる。免許証やパスポートをスマホのカメラで撮影して送信すれば、本人確認はそれで終了だ。トランスコスモスのような会社が、業界用語で言うところの「ＫＹＣ」(Know Your Customer＝顧客確認）を手がけている。

そのテクノロジーを使えば、総務省のマイナンバーなんて使わなくても余裕でネット投票できる。

選挙の投票所入場券は、住民票がある住所に郵送される。ネット投票の原理としては、あのハガキにQRコードを印刷しておき、スマホでピッと読みこんで投票ページに飛べばいい。

小池百合子都知事には、元Yahoo! JAPAN社長の宮坂学副知事がついている。宮坂副知事の力をもってすれば、1カ月もあれば爆速でネット選挙を導入できる。ネット投票解禁の気運が、今回ほど高まっているときはない。このチャンスを逃せば、日本の選挙は昭和のままストップし続けてしまう。

技術的にも可能で、新型コロナウイルス対策としてもネット選挙を解禁しない手はない。

もう一度言う。今変わらなければいつ変わるのだ。今ネット選挙を解禁せずして、いつ解禁するのだ。

政治家は自分を守るための選択ではなく、世の中を前に進める決断をすべきである。

29

記者会見なんて
オンラインで
開けばいい

「3密はいけません」と警告を発している小池百合子都知事が出てくるたびに、ワラワラ記者が密集して取り囲み、至近距離で質問を繰り広げている光景は滑稽だった。

やれクラスター（感染者の集団）だのオーバーシュート（感染爆発）だのロックダウン（都市封鎖）だの、これまた警告を発する安倍首相の記者会見自体が、「3密」そのものなのもどうかしている。

このような批判を受け、今は記者との距離を取ったりしているが、そもそもこれを機に、都知事の定例会見は「Zoom」を使ってオンラインで進めたい。

この期に及んで、ギューギュー詰めの会見場で対面形式の記者会見を開いている日本の政治家は、海外の人々から異様な目で見られている。

欧米社会では、今や記者会見を開くときにはテレビ電話機能を使い、どうしても出席したい記者はお互いの距離を大きく取る。

イギリスのボリス・ジョンソン首相の記者会見なんて、無人状態でモニターを見ながら記者が質問している。パンデミックの危機が起きたときには、あれが世界標準なのだ。日本だけ時代が止まっていた証だと思う。

もはや平時から1カ所に大勢の記者が集まるアナログな記者会見は廃止したほうがいい。スマホやパソコンのテレビ電話機能を使えない記者は、話にならないのでジャーナリズムの世界から退場してもらえばいい。

リモート方式で記者会見を開けば、お互い時間と交通費の節約になる。記者は浮いた時間を別の取材に費やせるし、政治家は感染症にかかるリスクを軽減しつつ、都政に集中できるではないか。

今は「Zoom」以外にもYouTubeやツイッターやLINEなど発信ツールはいくらでもある。物理的に同じ場所に集まる必要なんて、ハナからなかったのだ。僕はだいぶ前からオンラインで仕事をしてきた。

実はこの本の表紙写真もカメラマンで映画監督の蜷川実花さんが「Zoom」で撮影してくれた。一切会うことなくパソコンの画面に映る僕をスクリーンショットで撮ってくれたのだ。

オンラインでできないことなどほとんどない。

今こそ記者会見そのものを完全にアップデートするべきだろう。

30

都職員の9割テレワーク化

新型コロナウイルス騒動をきっかけとして、都心の民間企業にテレワーク（在宅勤務）と時差出勤が広がった。

一種のショック療法のように、今まで及び腰だったテレワークの良さがみんなに伝わったのだ。

物体としてのモノを扱う建設業や製造業、配送業やレストラン、職人さんの仕事などは別として、パソコンを使う仕事であればオフィスでやる必要はない。わざわざ満員電車に乗って同じ場所に集まって、一斉にパソコンを起動させる。こんな無意味なことはない。

ほとんどの仕事はスマホで済むし、パソコンとWi-Fiさえあればどこにいたって仕事はできる。会議や打ち合わせなんてスカイプやＬＩＮＥの無料電話機能、グループチャットを使えばいい。「Zoom」のビデオ会議システムも便利だ。

今やＧ７（主要７カ国）やＧ20（20カ国・地域）のサミット（首脳会談）でさえ、ビデオ会議システムで開ける。業務のスリム化と効率化はすぐにでもできるのだから、今こそ東京都職員のテレワーク化を一気に進めるときだ。

東京都職員が取り組む大半の仕事は、今すぐテレワークでできる。西新宿にそびえ立つあの超巨大なハコモノ「東京都庁」は廃止して民間企業に貸し出すか売却してしまえばいい。

あんな巨大なビルに、大勢の職員が毎日出勤して仕事をする必要などあるわけがない。こういう提案をすると「緊急事態のときにどうするんですか」という「防災厨」が湧いてくる。

都庁は極めて頑丈に造られているため、どんな自然災害が起きても壊れることはない。

いざという緊急事態のときには、都知事をはじめとするリーダーと限られた職員のみが都庁内の司令塔（防災シェルター）から矢継ぎ早に指示を出せばいい。

ほとんどの仕事はiPhoneさえあればどこにいたってできる。

対面式の無駄な打ち合わせを禁止して、打ち合わせはＬＩＮＥか専用アプリで済ませればいい。

仕事をコンパクトに効率化する。そうすれば無駄なコストも残業もなくなる。まず東京都が9割テレワークを実践することで民間に波及していくはずだ。

31

都職員の英語公用語化

東京都をイケてる都市にするために今すぐやらなければならないことがある。

それは英語の公用語化だ。

東京都の職員に英語の使用を義務づけたい。カタカナ発音だろうが片言だろうがかまわないから、都職員は全員英語を使えるようにする。

また、東京都が発信する公文書は全部英語化する。

香港に出かけると、屋台で食べ物を売っているおじいちゃんやおばあちゃんでさえ英語をしゃべれる。

普段は家で広東語を使っていても、必要に応じて英語に切り替える。

東京には世界中からインバウンドが数多く訪れるが、みんながみんな英語を使えるわけではない。

新幹線では、最近ようやく英語のアナウンスをちゃんと放送するようになった。おそらく社内研修制度が充実しつつあるのだろう。インバウンドが窓口にやってくると、ＪＲの駅員が英語をペラペラしゃべって案内しているのをよく見かける。民間企業の社員がちょっとした努力でそこまで行けるのだから、都職員がダラけて日本語しかしゃべらないようではいけない。

僕は3月にレバノンでカルロス・ゴーン氏と対談をした。

僕は普段から英語を使っているわけではないから単語が出てくるのに苦労をしたが、問題なく1時間近くの対談をやりきった。

上手な英語をしゃべる必要はない。誰もが習ったことのある中学英語でも最低限のコミュニケーションは取れるのだ。

大切なのは英語を恥ずかしがらずにしゃべるという意識改革だ。

そして英語の公用語化などを進めるとグローバルで活躍できる優秀な人も獲得できる。

外国語やテクノロジーを学び続け、常に自分を変化させることができる人が都政を回すようになると良い。

まずは都の職員から英語の使用を推進していくことで、東京都はやっと本物のグローバル都市になる。

32

東京都のオール民営化

東京都がペーパーレス化、テレワーク化を主導し、組織を解体してどんどん業務の民営化を進める。

そうすれば「公務員なんていらない」という世論が盛り上がり、都庁の庁舎もいらなくなる。

消防と警察以外、ほぼすべての仕事を民間人が手がけている自治体は日本にもある。たとえば長野県下伊那郡の下條村は、「奇跡の村」と注目を集める。

人口4000人弱のこの村では、道路の補修工事やセンターライン引きを民間人が手がける。こうすれば予算をたった2割にまで抑えられる。

100メートルの道路補修工事も、村民30人がかかりで協力すればわずか半日で終わる。工事が終わったあと、みんなで一杯やれば地域コミュニティまで強化される。

下條村の事例を見ればわかるように、インフラ整備や防災対策は、必ずしも自治体が担う必要はない。東京都が入札を募って、民間に投げられる仕事はどんどん民営化してしまえばいいのだ。

業務を効率化するために東京都のアプリ化も一案だ。

都民の声をアナログに聞く仕事も大事だとは思うが、要望や意見は極力ネットで集めたほうが効率が良い。

「SaaS」(Software as a Service＝ネット経由でソフトウェアを提供するサービス)を手がけるＩＴ企業に入札させて、都民の声を聞く東京都のアプリを作る。東京都は要件定義だけきっちり作って固めればいい。

パブリック・コメント(事業に対する評価や意見)はそのＳＮＳ経由で集約し、東京都の事業に迅速に反映させていく。

東京都にまつわる手続きは全部スマホかタブレット端末を使い、アプリ上でできるようにする。

公務員をいきなりゼロにすることは難しい。

しかし公務員が合理的な仕組みでないことはみんながうすうす気づいているわけだし、ゼロを目指して順次公務員を減らしていけばいい。

公務員はいくらがんばって仕事をしても、インセンティブが与えられることはなく給料の金額が変わらない。

こういう給与体系のもとでは、改革しようとか業務を効率化しようというモチベーションが高まるはずがないのだ。

中小・零細企業の中には、社員は社長が1人だけで、実務は全部外注して経営を回しているところがいくらでもある。

これからの時代はサイズが大きい組織はデメリットのほうが多い。変化に対応しやすい「3S（スピード・スマート・スモール）」なチームのほうが強いのだ。

僕の仕事のやり方も「1人社長」に近い。99%以上の実務を外注しても、業務は余裕で回っていく。

民間でできることは民間でやるのが基本である。

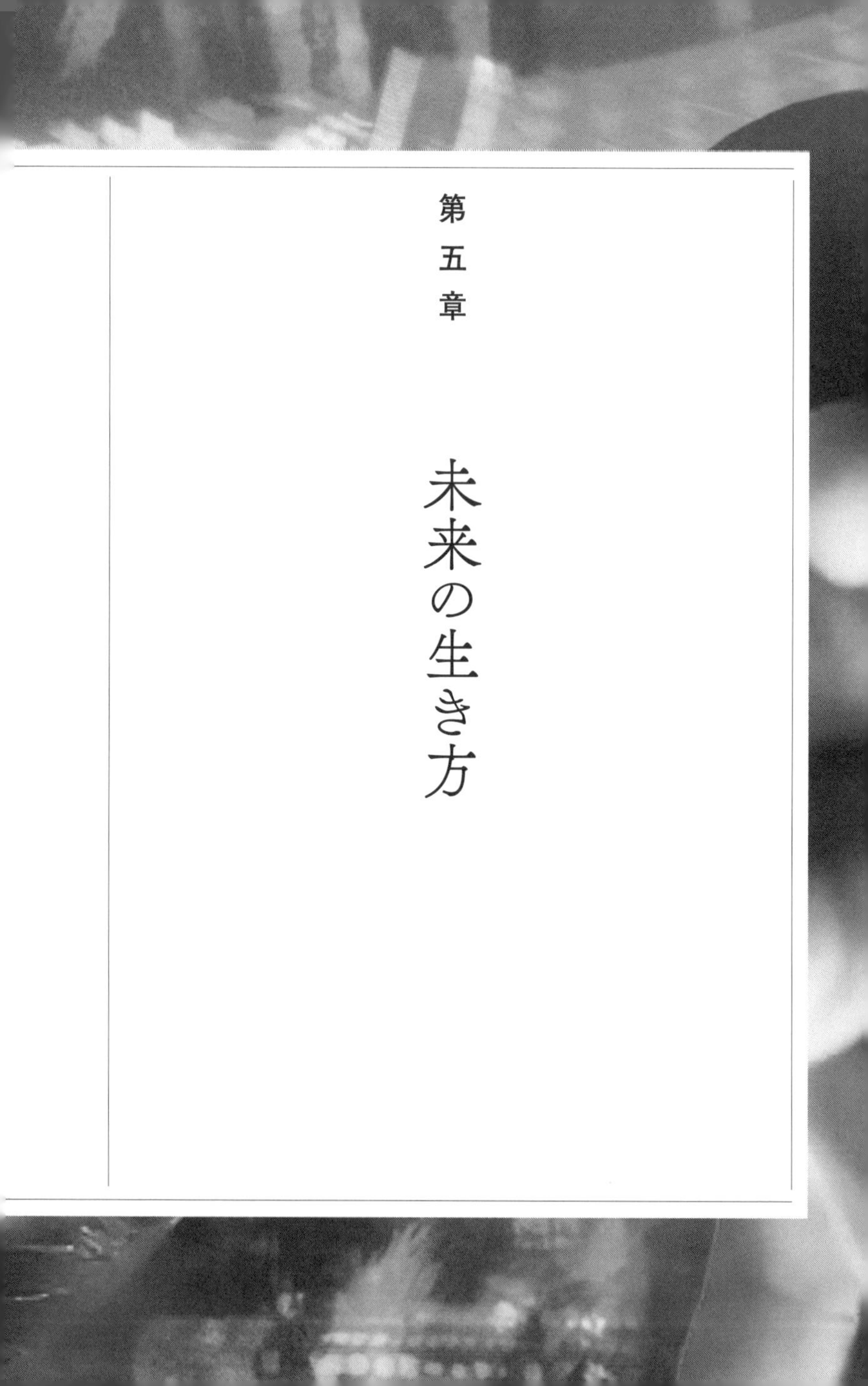

第五章

未来の生き方

「東京改造計画」。
東京を改造して何を実現するか。
それは都民一人ひとりが
「未来の生き方」をできるようにすることだ。
僕らは、そろそろ「労働」や
「お金」から解放されてもいい。
自分の好きなことややりたいことに
没頭し、遊ぶように生きよう。

33

「妖精さん」の
リストラ計画

最終章では僕の東京都への提言、「東京改造計画」の本丸を語りたい。

僕は東京を世界一の「暇つぶし都市」にしたいのだ。

世のサラリーマンは実は暇人だ。おそらく半分くらいで十分だ。

新型コロナウイルス騒動のおかげで、会社勤めの人のほとんどは「定時出社・定時退社」する必要なんてまったくないことが証明されただろう。

テレワークに仕事のやり方を切り替えれば、朝から晩までパジャマ姿で働けるようになる。

普段から本質的な仕事をしている人は、朝の準備の時間や出勤時間がなくなり、今までより短い時間で今までと同じ成果を出せるようになった。

一方で今まで無駄な仕事をしていた人は、「あれ、オレってひょっとしていらないじゃん」と気づいたはずだ。

テレワークによって、実は会社には必要ないサボリーマンが半分くらいくすぶっている実態があぶり出されている。

会社に来て仕事をするフリをしているポンコツ社員は「妖精さん」と呼ばれる。

窓際にすら行けず、妖精として漂っている人のことだ。

「妖精さん」がポンコツであることは、彼らが物理的に会社に行くことでゴマかされてきた。

とりあえず机の前に座ってパソコンをいじっていれば、何かをやっているようには見えるからだ。

テレワーク化が進むと、「妖精さん」が実は職場にとって不要な存在であることがはっきり可視化される。

「Zoom」で会議を開いているのに、1人だけまったく発言しない人間がいる。そういう人は、そもそも「Zoom」上のバーチャル会議にすら呼ばれなくなったりする。テレワークではアウトプットでしか評価のしようがないから頑張っているフリをしても一切意味をなさない。

皆さんの周りにもコロナ以降、顔を見なくなった上司がいるはずだ。

役に立つアイデアをまったく出さず、タスクをこなしていない人間が、テレワーク化によってバレるのだ。

コロナがたとえ落ちついても、こういう人たちが帰る場所はない。退場してもらうほかない。

「妖精さん」はもう嫌々出勤するのをやめて、もっと心地よいところへ居場所を変えたほうがいい。

これは何も中年サラリーマンに限った話ではない。

僕らはもう暇なのだ。そしてこの流れは加速する。

しかし、これはポジティブなことだ。

世界中のホワイトカラーはもはや無駄な仕事はしなくていい。誰でもできる無駄な仕事はＡＩがやる。人間は暇になって当たり前なのだ。

労働はもはやオワコンになり、遊びの時代が来る。

好きなことだけやって生きていこう。

34

遊び場を増やす

東京を世界一の「暇つぶし都市」にする。

しかし、東京は遊ぶ場所が意外と少ない。

六本木や渋谷などは面白い店も多く外国人客にも人気だが、都心で家族連れが出かけるところがない。

結局、みんなイオンや公園などお決まりコースに行く。

にもかかわらず東京都がもっている物件の中には、有効活用されていないものが山ほどある。

その都有地を利用して公園やスタジアムを造ろうとすると、ノイジー・マイノリティ（やかましい少数派のクレーマー）が「建設工事の騒音で健康被害が起きたら責任を取れるのか」「景観を損ねる」「治安が悪化する」と反対運動を繰り広げる。

ノイジー・マイノリティの意見など無視して強行突破してしまえばいいと思うわけだが、選挙に勝ちたい政治家は、クレーマーの意見まで尊重しておもねってしまう。

こうした事業を進めるときには、強いリーダーシップをもつ首長による政治決断が必要だ。

２０１３年４月、佐賀県武雄市の樋渡啓祐市長の決断によって、武雄市図書館が民営化された。

市立図書館の運営権をツタヤに譲渡したのだ。するとたちまち「文化の拠点を破壊する行為だ」「貧乏人は図書館に来るなと言うのか」と猛バッシングが巻き起こった。

「ツタヤ図書館」の初年度の来館者は、92万人を記録している。そこから来館者は低迷をたどったものの、２０１８年に初めて年間来館者が１００万人を突破した。「こども図書館」を併設し、ワークショップなどを企画して子育て世代をターゲットに据えたおかげで、一度いなくなった客が再び戻ってきたのだ。

公共図書館というと、新聞・雑誌コーナーで朝から晩まで居座るシニア層というイメージがある。

冷暖房が効いた図書館でホームレスが本を読むのは自由だとは思うが、そうした状況を放置したままでは、他の利用客が図書館へ来たいと思わないのは当たり前だ。

エセ公共観におもねることなく、図書館をはじめとする公共施設はもっと有効活用していったほうがいい。

「公共施設だからつまらない」なんてことはないのだ。

武雄市のように民間企業に運営権を譲渡し、リニューアルするのも一案だ。あちこちに分散する区立図書館を統廃合して、空いた土地を民間企業に売却するのもいい。

新型コロナウイルス騒動で今は外出自粛をしているが、いずれは人出も戻るはずだ。

そのときにみんなが集まって遊べる場所を提供すれば、東京にもっと活気が出る。東京が世界一の「暇つぶし都市」になるためにはまだまだ遊び場が足りない。眠れる公共施設は山ほどある。

35

限りなく
生活コストを
下げる

世界一の「暇つぶし都市」にするために東京で暮らす人の生活コストを下げていくべきだ。

全国の空き家は、すでに849万戸もある（2018年、総務省の調査）。すべての住宅のうち、7戸に1戸が空き家という計算だ。野村総合研究所の予測によると、2033年には空き家が2150万戸に達するという。持ち主不明の一軒家は、これからますます増える一方だ。

そうした空き家を有効活用するべきではないだろうか。

家賃が限りなくゼロで住める「都営シェアハウス」をあちこちに開設し、働かなくても遊んで暮らせる若者の居場所を作るのだ。

もちろんそこに高齢者が住んでもかまわない。

AIとロボットの技術が進めば進むほど、人間が汗水垂らして働かなくても機械が働いてくれるようになる。そうなったとき、いかに充実した「暇つぶし」ができるかがポイントだ。

もはや衣食住のために働く必要はない。生きていくためのコストはいくらでも下げられる。

老いも若きもゲームやエンタメ、スポーツを楽しむ。「仕事が遊び、仕事が暇つぶし」。そんな幸福度の高い生き方を実現するためのセーフティーネットを充実させる。

これから僕たちがやるべきことは「労働」ではない。「遊び」だ。

遊んで遊んで遊びまくる。何かにハマッて没入する。その熱が周りを巻きこみ、結果として「ビジネス」にもなる。ユーチューバーなんかはその典型だ。

僕たちはもう、食うためだけの仕事はしなくていい。

36

人生100年時代のコミュニティ

「人生100年時代」は近い将来やってくる。そのとき、やはり膨大な暇との戦いになる。人は活動を止めると途端にボケ始めてしまう。

僕自身、80歳であろうが90歳であろうが、死ぬまで元気に遊びお金を稼ぎ続けたいと思っている。HIU（堀江貴文イノベーション大学校）というオンラインサロンを立ち上げた理由も、「人生100年時代」を見据えてのことだ。

オンラインサロンというのはSNS上で多種多様な人たちが交流するグループのようなものだ。HIUの中でメンバーは本や日本酒を作ったり、イベントや合宿を企画したり、日々精力的に活動している。

つい最近、HIUの会員が会費15万円の「プレミアム鮨会」にお父さんを連れて参加した。「お父さんは何をやっているんですか」と訊いてみると、埼玉県や茨城県で中古車販売会社を経営しているという。支店がいくつもあり、ビジネスはいい感じで成功しているらしい。そのお父さんがこう言うのだ。

「私はもう仕事を一通りやり尽くしたので、そろそろ若い子への投資を始めたいと思っているんです。どうすればいいですか」

僕は「お父さんもHIUに入ればいいじゃないですか」と即答した。

投資するためのキャッシュはあるのに、イノベーションのアイデアを温めている若い人たちとの出会いの場がない。どうやって若者たちと出会ったらいいのかわからない。ずっと会社員生活を送って定年を迎えた人や、自分が手がけるビジネスのことしか知らないこのお父さんのような人は、活動コミュニティが狭い。

ＨＩＵのようなサロンによってそのコミュニティをグンと広げ、新しい出会いの場を増やしてあげれば、可能性は無限に広がる。

なぜ女性のほうが、男性よりも長生きなのだろうか。女性のコミュニティが普段から広く、一方で男性のコミュニティが狭く限定されていることが、間違いなく関係していると思う。

地域に茶飲み友だちや顔見知りが大勢いて、趣味を同じくする仲間が多い女性は、何歳になっても孤立しない。会社組織しか足場がない男性は、仕事から引退した瞬間、突然孤立して一気に老いる。

ＨＩＵのように世代を超越したサステイナブル（持続可能）なコミュニティに属して、若い人とからみまくる、刺激を受けまくる。そういう高齢者は、他の人とは老けこみ方が全然違うのだ。

37

都民限定の無料オンラインサロン

いつまでも楽しく、人生を遊び尽くすために都民に「無料オンラインサロン」を提供すべきだ。

僕は前述のとおり、オンラインサロンＨＩＵを主宰しており、現在１５００人以上のメンバーがいる。会費は月額１万１０００円だ。分科会グループは30以上あり、ビジネス、勉強会から遊びまであらゆるテーマがゴチャ混ぜ状態で活動している。メンバーはフェイスブックの会員制ページで情報交換する。僻地であろうが離島であろうが、どこにいてもオンライン上で活動できる。「ホリエモン万博」という祭りやオフラインの会合も企画している。

オンラインサロンの加入者が１０００人を超えると、不思議なことが起きる。グループ内でシェアリング・エコノミーが成立し、実にさまざまな循環が生じるのだ。たとえば「カンボジアで祭りをやりましょう」と呼びかければ、貿易会社や商社で仕事をしている人が１人か２人いたりして、その家族や友人知人を巻きこんでカンボジア祭りが本当に実現してしまう。

美容師のメンバーが１人いれば、プロに１０００円カットしてもらえる。昔から小さな村で成立していたコミュニティを、テクノロジーの力によってネット上で簡単に生み出せる時代がやってきたのだ。

都税を納めている人は、東京都が運営する公営の無料オンラインサロンに加入できるようにすればいい。

フェイスブックのグループ機能を使えば、東京都から支出する予算なんて一円も必要ない。

都営のオンラインサロンができれば、都会で孤立した孤独な人にとって救いの場となる。それぞれの興味や関心に合わせ、いくつかのグループで活動することができる。遠くに住んでいる人ともバーチャルで気軽に繋がれる。

オンラインサロンで出会った人と結婚することもあるだろう。高齢者のボケ防止と健康寿命増進にもなる。いいことずくめだ。

インフラを新たに作る必要はない。普段はオンライン上で繋がって、リアルにたまに会う。５００円で借りられる町の集会場を使ったっていい。そこに人生ゲームやオセロなど、押し入れに眠っているボードゲームをもちこむ。動画やデザインの勉強会を開く。

たったこれだけのことでも、お金がかからない楽しい暮らしが実現できる。

多くの問題は「孤立」から来る。

コロナで会社や学校が休みになったとき、オンライン上にコミュニティをもたない人たちは孤立している。ストレスや鬱を引き起こすこともある。

そもそも生活保護を受けて暮らしている貧困層の多くは、情報格差の中で取り残された情報弱者だったりする。生活保護を受けているのに、なぜか電話代が1カ月に3万円もかかっていたりするのだ。

ソフトバンクやドコモのような大手キャリアと契約せず、格安SIMとWi-Fiをうまく組み合わせれば、電話代が月3万円もかかるわけがない。情報弱者には、知恵を使ってそこを節約しようという発想がないのだ。

安く生活する方法はいくらでもある。スマホ代など無駄な生活費をどんどん削る。浮いたお金を使って、Netflixを観たりゲームをしたりしながら、ストレスフリーでハッピーな生活を送ればいい。

しかし、こういった発想も孤立してしまうと、なかなか自分では気づけない。オンラインサロンを利用して普段から多種多様な人たちと交流し、精力的に活動する。そうやって仲良くなった人たちと支え合い情報格差を埋めていく。

新型コロナウイルスの影響で多くの店や会社が休業する中、オンラインサロンの入会者は一気に伸びている。

僕のＨＩＵだけでなく、芸人の西野亮廣君の「西野亮廣エンタメ研究所」や幻冬舎の箕輪厚介君の「箕輪編集室」も会員が増大しているそうだ。

メンバー同士の勉強会やオンライン飲み会も毎日のように開催されている。今後どうなるのか不安な中、オンラインのコミュニティが心の支えになっているのだ。

実際、会員数５万人を超える「西野亮廣エンタメ研究所」では、コロナの影響で仕事を失った人のために一カ月で１００人の雇用を生み出すと宣言し、すぐに達成していた。オンラインサロン内で、仕事をお願いしたい人と仕事がなくなってしまった人をマッチングさせたのだ。

オンラインサロンは遊び場として、精神的な拠り所として、そして支え合って生きていくセーフティーネットとして役割が増していくと思う。

新型コロナウイルスの影響で未来が急速に訪れようとしている。

無駄な出勤、無駄な会議、無駄な仕事。これらが一気になくなるかもしれない。

僕たちが一秒残らず人生を楽しみ切る世の中がやってくる。

東京はこの時代の流れをつかまなくてはいけない。旧来のやり方を破壊し、アップデートしていかなくてはウィズコロナの時代に対応することはできない。

繰り返すが、今はチャンスだ。

僕が何年も前から言っている「好きなことだけで生きていく」時代がやってくるのだ。

しかし、東京はそのための準備がまったくできていない。経済も教育も感染症対策も古いままだ。新しい時代は自分たちの手で一気に作らなければならない。

今、東京が変わらなければこの国は終わる。

変わるべきときは、今なのだ。

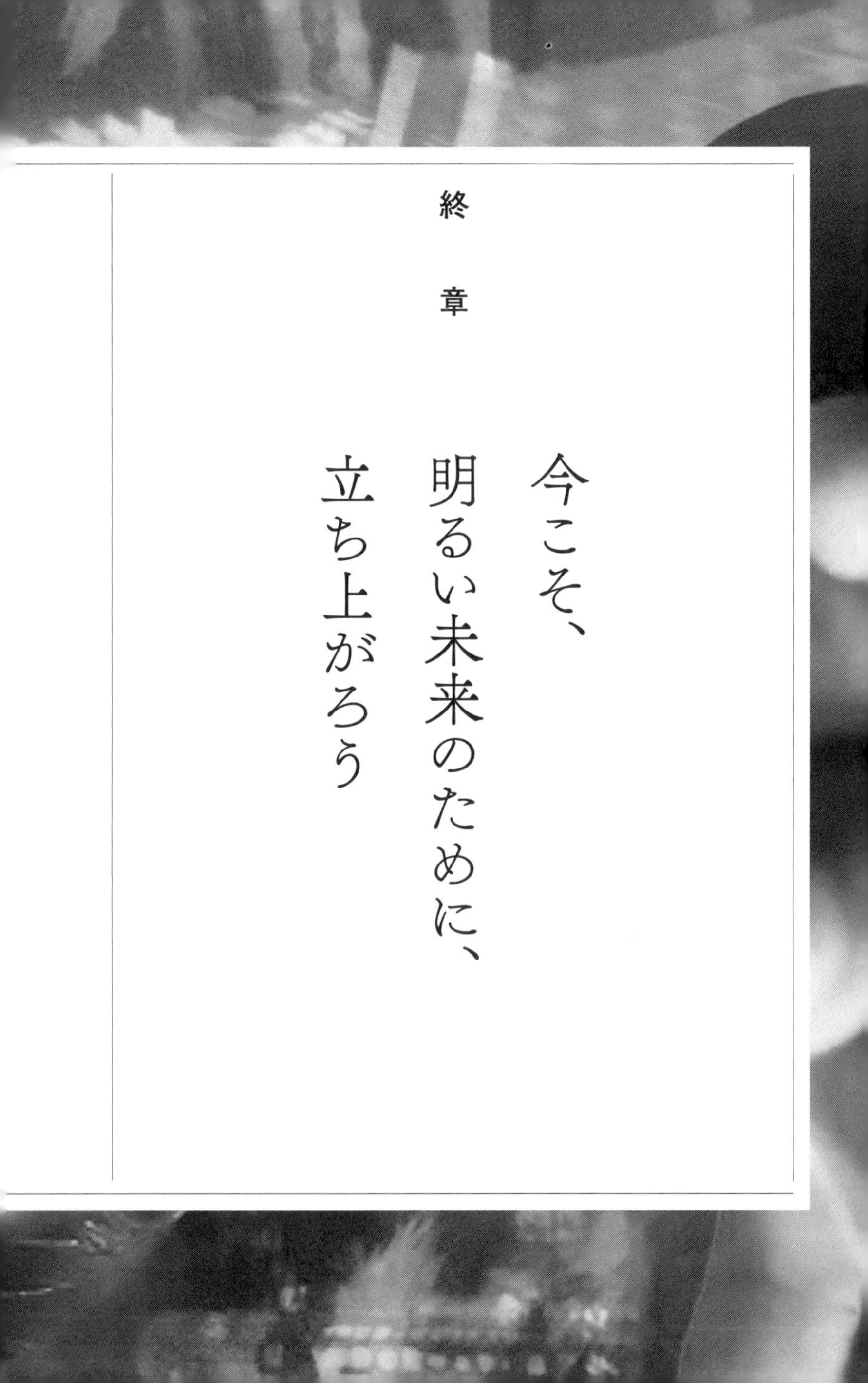

終章

今こそ、
明るい未来のために、
立ち上がろう

このままでは、
この国、そして東京は終わる。
政治家は大衆に媚び、
メディアの顔色ばかり気にしている。
たとえどんな批判を浴びても、
正しい決断、強い実行をしなくてはいけない。
まだ、希望はある。
僕は何度転んでも、そのたびに
必ず立ち上がり、前に進み続ける。
一緒に未来を作ろう。

新しい東京を作ろう

小池百合子都知事による4年間の都政では、ろくに公約が実現することはなかった。

「残業ゼロ」「満員電車ゼロ」は、皮肉にも新型コロナウイルス騒動が促進しただけの話だし、これとて一部の企業が導入したに過ぎない。

新型コロナウイルス騒動が収束したら元どおり。それでは意味がない。

新型コロナウイルスによって世界は大きく形を変えている。これをいい機会と捉え一気に時代を前に進めなくてはいけない。

満員電車の解消やオンライン授業の導入。新しい生き方を推進していくために制度やインフラを変え、世の中の空気づくりも同時にする。それが政治家の役割のはずだ。

しかし小池都知事にこれが期待できるとは思えない。

政治家として適切な決断ができず、世間の空気を読んでばかり。人気取りに奔走する。それは彼女が「一日でも長く政治家であり続けたい」「うまくすれば首相にまでなりたい」と思っているただの「権力党員」だからだ。

勇気をもって、時には批判を覚悟で、政治的決断ができなければ、世の中は正しい方向に進歩しない。

小池都知事は、毎度つまらないポジショントークか救世主気取りの煽り文句しか口にしない。国民やメディアの風向きを見ているだけだ。

「コロナ警察」の意見に押されてスーパーでの買い物も制限するとちらつかせる。まったくバカバカしくて話にならない。小池都知事にとって新型コロナウイルスですら票稼ぎの道具なのではないかと思ってしまう。

一方でかつての石原慎太郎氏は4回連続で当選し、99年から2012年まで東京都知事を務めた。

「暴言王」として幾多の批判を浴びはしたものの、言わねばならぬことを断固言い切るストロングスタイルのリーダーシップがあった。だから選挙に4回も当選したのだ。

たとえ雨あられのように非難を浴びようとも、政治家は自分が正しいと思う政策を声を大にして言わなければならない。東京都知事がもつ絶大な権力は、都民のために行使するべきものだ。

これだけ「新型コロナウイルスはヤバい」と言われているのに、多くのサラリーマンは混雑した電車にしばらく乗り続けた。

なぜヤバいと思いながら、相も変わらず人々は満員電車に乗ってバカ正直に通勤していたのだろう。

それは型にハマって一律に行動する軍隊式の生き方が、強固な思想、もっと言うと宗教に近いくらいの力をもっているからだ。

でもそんな思想は、政治家がルールを変えるだけで簡単に打破できる。本書第一章で提案したダイナミック・プライシングさえ導入すれば、東京都心で横行する満員電車も道路の渋滞もたちまちなくせる。

「朝7時半から8時半まで運賃を3倍にします」と宣言すれば、誰もその時間帯の電車には乗りたがらない。すると時差出勤やテレワークが一気に広がり、人々を不快にさせていた混雑状況は最適化される。

価格を弾力的に上げることだけで、岩盤のようにガチガチだった思想の人々に行動変容を促せるのだ。

小池都知事が「仕事があるよという方はテレワークできるように上司に言ってください」と発言していたが、こんなものは決断を都民に丸投げしているだけだ。政治家が責任をもってルールを変えなければ、人々の生活は何も変わらない。

新型コロナウイルスは世の中のおかしな慣習を一気に変えるチャンスだ。

もちろん新しいことをやろうとすると、絶対に反対される。しかし、その声に政治家が負けてはいけない。

僕が出資する宇宙ベンチャー「インターステラテクノロジズ」は、拠点を置く北海道大樹町から、ロケット打ち上げ延期の要請を受け、実施することができなくなってしまった。

ロケットの打ち上げに新型コロナウイルス感染のリスクなんてない。打ち上げ日を予告せずに打ち上げれば人が集まる心配なんてそもそもない。

それなのに、たった20件ほどの抗議があったというだけで延期を決めてしまったのだ。

単なる感情で延期を決めているだけなので、どんな科学的エビデンスに基づく妥協案も受け入れられなかった。

これは典型的な政治家の態度だ。小池都知事と同じく世間の声や空気に流されているだけだ。

どんなシーンでもノイジー・マイノリティというのは生まれてくる。しかし、そこばかりを見て意思決定していては全体最適にはならない。

今、日本中が感情に流されている。集団ヒステリーのようだ。政治家は本来、そんな感情に負けることなく科学的に正しい判断をすべきなのだが、むしろメディアと一緒になって危機感を煽っている。

今、政治家がやるべきは、リスクをコントロールしながら経済を回すことだろう。新型コロナウイルスを過剰に恐れるあまり経済自粛が続けば、新型コロナウイルス感染による死者より自殺者のほうがはるかに多くなるだろう。

経済が止まっても懐がまったく痛まない政治家には、こんな庶民の声は届かないのだろうか。

僕は民間人だが、どんな攻撃を受け、反対意見にさらされようとも、自分の言葉で提言を続けたい。自分の行動で証明し続けたい。

新型コロナウイルスの出現でダメな政治家が露呈した。僕たちがもっと声を上げなければ、この国はもうおしまいだ。

僕なりの東京への提言を読み、皆さんも一緒に考えてほしい。

日本、そして東京を作るのはわたしたちなのだ。

希望はまだある。

さあ、生きるため、そして未来のために立ち上がろう。

２０２０年5月19日　堀江貴文

カバー写真
蜷川実花

装幀
トサカデザイン（戸倉 巌、小酒保子）

ブックライティング
荒井香織

編集協力
篠原 舞

編集
箕輪厚介（幻冬舎）
山口奈緒子（幻冬舎）

東京改造計画

2020年5月30日　第1刷発行

著者
堀江貴文
発行人
見城 徹
編集人
森下康樹
編集者
箕輪厚介　山口奈緒子
発行所
株式会社 幻冬舎
〒151-0051 東京都渋谷区千駄ヶ谷4-9-7
電話　03(5411)6211［編集］
　　　03(5411)6222［営業］
振替　00120-8-767643
印刷・製本所
中央精版印刷株式会社

ISBN978-4-344-03627-7　C0095
幻冬舎ホームページアドレス
https://www.gentosha.co.jp/

この本に関するご意見・ご感想をメールで
お寄せいただく場合は、
comment@gentosha.co.jpまで。